歴史文化ライブラリー

72

# 源氏物語の風景

## 王朝時代の都の暮らし

朧谷 寿

吉川弘文館

原則として、初版で掲載した口絵は割愛しております。

目次

# 平安京の風景――プロローグに代えて

## 1　平安京の風景

私は京都御苑《ぎょえん》をそぞろ歩くのが好きだ。その北にある勤務先から繁華街に出る時など、時間があって気分が良いと、よく歩く。西の烏丸《からすま》通り方面へ行く時などは、今出川《いまでがわ》通りの北門から御苑内に入り、すぐの所を右に折れて近衛《このえ》家の屋敷跡を抜け、広い砂利道に出ると、時代の転換点で起きた蛤《はまぐり》御門《ごもん》の変（一八六四年）のことに思いを致すのが常である。

東に抜ける時には、樹木と芝に覆われて緑ゆたかな小道を歩くことが多い。それを抜けて正面に仙洞御所《せんとうごしょ》の土塀が見えてくると、きまって摂関の覇者《はしゃ》、藤原道長のことが脳裏に浮かぶ。このあたりには、道長の栄華の舞台となった土御門殿《つちみかどどの》があった。冴《さ》えわたる満月の夜の宴席で公卿らを前に「この世をば」の歌を詠《よ》んだ場所でもある。

近世以降の近衛邸跡

蛤　御　門

ところで、禁裏《きんり》とか京都御所と呼ばれる天皇の居所がここに定着したのは十四世紀も半ば過ぎのことであり、それまでの天皇の四〇〇年余りにわたる常住の地は、ここより一㎞ほど西に所在した内裏《だいり》であった。その時期、禁裏の場所は東 洞院《ひがしのとういん》土御門殿という貴族の屋敷であり、里内裏《さとだいり》として用いられることはあった。それが中世以降、禁裏となったのである。そして近世に入ると、この禁裏（当初の一町の広さから六倍ほどに拡張）を取り囲むように公家《くげ》住宅が建ち並び、いわゆる公家町を形成していたが、明治天皇の東京遷都によって公家町は解体し、公園と化したことで京都御苑と呼ばれ、今は多くの歴史を包みこんで静まりかえっている。

この場所が平安時代には高級住宅域の一郭を占めていたこと、平安京としてスタートした京都は、八世紀末からわが国の歴史の中心舞台の役を一〇〇〇年以上も担ってきたこと、それ故に幾重もの歴史が重層して存在したこと、そして「眠れる平安京」が近年の列島改造のあおりを受けて次から次へと揺り起こされたこと等々、京都について考えることは多い。この結果、それまで民間レベルで細々と行われてきた平安京の発掘調査は、調査機関を組織して行政主導型ですすめられることになったが、一時は多発する建設工事に追いつかない状態にあったほどである。

それまでの平安京に関する成果の多くは文献に負っていたし、そこで知られる事柄にはおのずと限界があった。それを大きく前進させたのが、長年にわたる発掘調査の成果であった。これによって道路幅とか天皇に関わる諸施設、役所をはじめ貴族や庶民の住まいの実態など明らかになった事実は計り知れない。

ところで小著は、『源氏物語』を主題にしたものではなく、もとより『源氏物語』の研究者でもない著者に叶《かな》えられるはずもない。表記のテーマのもとでの著者への注文は、『源氏物語』の時代、つまり摂関時代の平安京を舞台に繰り広げられる貴族社会を中心とした人々の生活や思いといったようなことをできるだけ平易に伝えることである。したがって院政期に及ぶことは、行論の上で万やむを得ぬ場合を除いて極力ひかえた。

その手段として、考古学上の成果も大いに取り入れ、当時の文学作品や貴族の日記、それに絵巻物などの絵画資料を参酌しながら作業をすすめたが、与えられた課題にどれだけ迫れたか心もとない。ただ、それらが一〇〇〇年の年月を超えて今日の私たちの暮らしに潤いと叡智《えいち》を与えてくれるであろうことを願っている。

## 本書の構成と『源氏物語』の六条院

ところで小著では、春・夏・秋・冬という、おそらくこれまでの平安京関係の出版物では例を見ない切り口を設定している。この発想は『源氏物語』にみる六条院の描写にヒントを得たものであり、そう言えば聞こえはよいが、深い意味があってのことではない。これまでにおびただしい数の平安京に関する書物があるので、せめて切り口からでも新鮮味をと思ったまでである。それに、与えられた書名のタイトルにあやかったことも一因ではある。そのようなわけで、紫式部が理想的な邸宅として描く六条院のさわりを『源氏物語』「少女《おとめ》」の巻に覗《のぞ》いてみよう（小学館『日本古典文学全集』本）。

> 大殿、静かなる御住まひを、同じくは広く見どころありて、ここかしこにておぼつかなき山里人などをも、集《つど》へ住ませんの御心にて、六条京極のわたりに、中宮の御旧き宮のほとりを、四町を占めて造らせたまふ。（中略）八月にぞ、六条院造りはてて渡りたまふ。未申《ひつじさる》の町は、中宮の御旧宮《ふるみや》なれば、やがておはしますべし。辰巳《たつみ》は、殿のおはすべき町なり。丑寅《うしとら》は、東《ひむがし》の院に住みたまふ対の御方、戌亥《いぬい》の町は、明石の御方と思しおきてさせたまへり。もとありける池山をも、便なき所なるをば崩しかへて、水のおもむき、山のおきてをあらためて、さまざまに、御方々の御願ひの心ばへを造

らせたまへり。

三歳のとき死別した母、桐壺更衣《きりつぼこうい》の里邸である二条院に生活することが多かった光源氏は、太政大臣となって位人臣を極めた翌年、三十四歳の秋に造営に取りかかり、ほぼ一年ほどで完成したのが六条院である。大殿（源氏）によって営まれたこの邸宅は、六条にあった梅壺《うめつぼ》中宮（秋好中宮《あきこのみのちゅうぐう》）が亡母、六条御息所《みやすどころ》から伝領した旧邸と、その周囲を取り込んで四町の広さがあった。その中は四つのブロックに分けられ、それぞれ季節にあった庭を構えていた。

| | |
|---|---|
| 戌亥 冬 明石上 | 丑寅 夏 花散里 |
| 未申 秋 秋好中宮 | 辰巳 春 源氏・紫上 |

その中心をなしたのは、光源氏が紫上《むらさきのうえ》と住んだ辰巳（東南）の町で、そこには「南の東《ひむがし》は山高く、春の花の木、数を尽くして植ゑ、池のさまおもしろくすぐれて、御前《おまへ》近き前栽《せんざい》、五葉《ごえふ》、紅梅、桜、藤、山吹、岩躑躅《つつじ》など」春の趣を凝らした庭があった。この北、つまり丑寅（東北）の町は泉を配し、呉竹《くれたけ》を植えるなど夏の要素を取り入れて花散里《はなちるさと》の居所とした。いっぽう未申（西南）の町は、今は亡き六条御息所の時の築山《つきやま》に「紅葉の色濃かるべき植木どもをそへ」るといった秋の風情を盛り込んで、居住人の秋好中宮の名に相応《ふさわ》しい造作であった。これに対して北の戌亥（西北）の町は「隔ての垣に松の木しげく、

雪をもてあそばんたよりによせたり」と、冬の趣を味わうような庭にして明石上の住まいに当てたのである。

このように寝殿や対《たい》の屋《や》と調和を保って四季に叶《かな》った庭を配した各町は、春の町・夏の町・秋の町・冬の町と呼ばれた。この六条院を舞台にした話が、『源氏物語』にみえる邸宅のなかでは最多の三割近い巻に登場し、そこでは理想的な暮らし向きが展開される。きっと作者の紫式部は、見聞した当時の豪邸の総決算的な意味をこめて、六条院を理想的な邸第として描写したのであろう。

この六条院に関しては、玉上琢彌氏の監修のもと大林組プロジェクトチームが平面図と立面図を示して考証復元を行っており、建築史の池浩三氏は平面図をもとに模型の制作を試みた。これらにより作品の理解に深みが増したことは確かだ。

## 河原院と源融

ところで紫式部が六条院のモデルとしたのは、その想定地とほぼ同じ場所に所在の河原院《かわらのいん》であった、というのが『河海抄《かかいしょう》』（十四世紀中期に成った四辻善成著の『源氏物語』の注釈書）以来の説である。

その河原院は、「河原左大臣」の名がある源融《とおる》（八二二〜八九五）が平安京左京の六条辺に営んだ邸宅である。融といえば、嵯峨天皇の皇子として誕生しながら臣下となった賜姓《しせい》

六条院模型（池浩三考証）

皇族で、「一の人」つまり左大臣という政界のトップに立った人である。そして、陽成《ようぜい》廃帝直後の混乱期に「近き皇胤《こういん》をたづぬれば融らも侍《はべ》るは」と、自ら皇位を望んだが、関白藤原基経《もとつね》の反対にあって実現しなかったという（『大鏡』）。そのいっぽうで彼は、風雅な文化人として知られ、嵯峨の別業、棲霞観《せいかかん》（清涼寺の前身）をはじめ宇治にも別業（後の藤原道長の宇治院、伝領した子の頼通は平等院とした）を所持していた。こういった認識の延長線上に融の「光源氏」モデル説も生まれるのであろう。

『伊勢物語』に「むかし、左のおほいまうちぎみいまそがりけり。賀茂河のほとりに、六条わたりに、家をいとおもしろく造りて、すみたまひけり」と記す河原院は、その庭内に陸奥国塩釜《しおがま》の浦の眺めを移し、難波江《なにわのえ》から毎月潮水を運んで海人《あま》の塩を焼く様子を再現し、その煙の風情を楽しむなど景勝で知られた邸であった。明治になって付いた「本塩竈町」の区域は、まさに河原院跡の一郭に当たっており、その命名には上述の話が意識されていた。

邸宅名が鴨川の「河原」からきていることはいうまでもなく、場所は京外に及ぶことになろう。その所在地をめぐっては、地点標示を明記した信頼すべき史料を欠くこともあって諸説あるが、整理して要点のみを記すと以下のようになる。

『拾芥抄《しゆうがいしよう》』の「河原院」の項には「六条ノ坊門南万里小路東八町云々、融大臣家、後寛平法皇御所（号六条院）、本四町京極西、号東六条院」とあるが、明解さを欠く。これについて、六条大路と六条坊門小路を南北の境界とし、万里小路《までのこうじ》以東に八町、つまり東京《きよう》極《ごく》大路を挟んで東西に四町と解し、西の方は東六条院と称し（この方を本邸としたか）、京外となる東部が邸名の由来である本来の河原院という理解もある。いっぽう万里小路の東で、北は六条坊門小路から南は七条坊門小路までと解することもできよう。

ただ、当時の鴨川は六条の辺りでは京に接近していたから、京極大路以東で四町の広さを確保するのは無理である。それに京内の邸でも意識として河原院と呼び得たと思うし、それが現実であったにちがいない。そして河原院の呼称には、総称としてのそれと狭義の

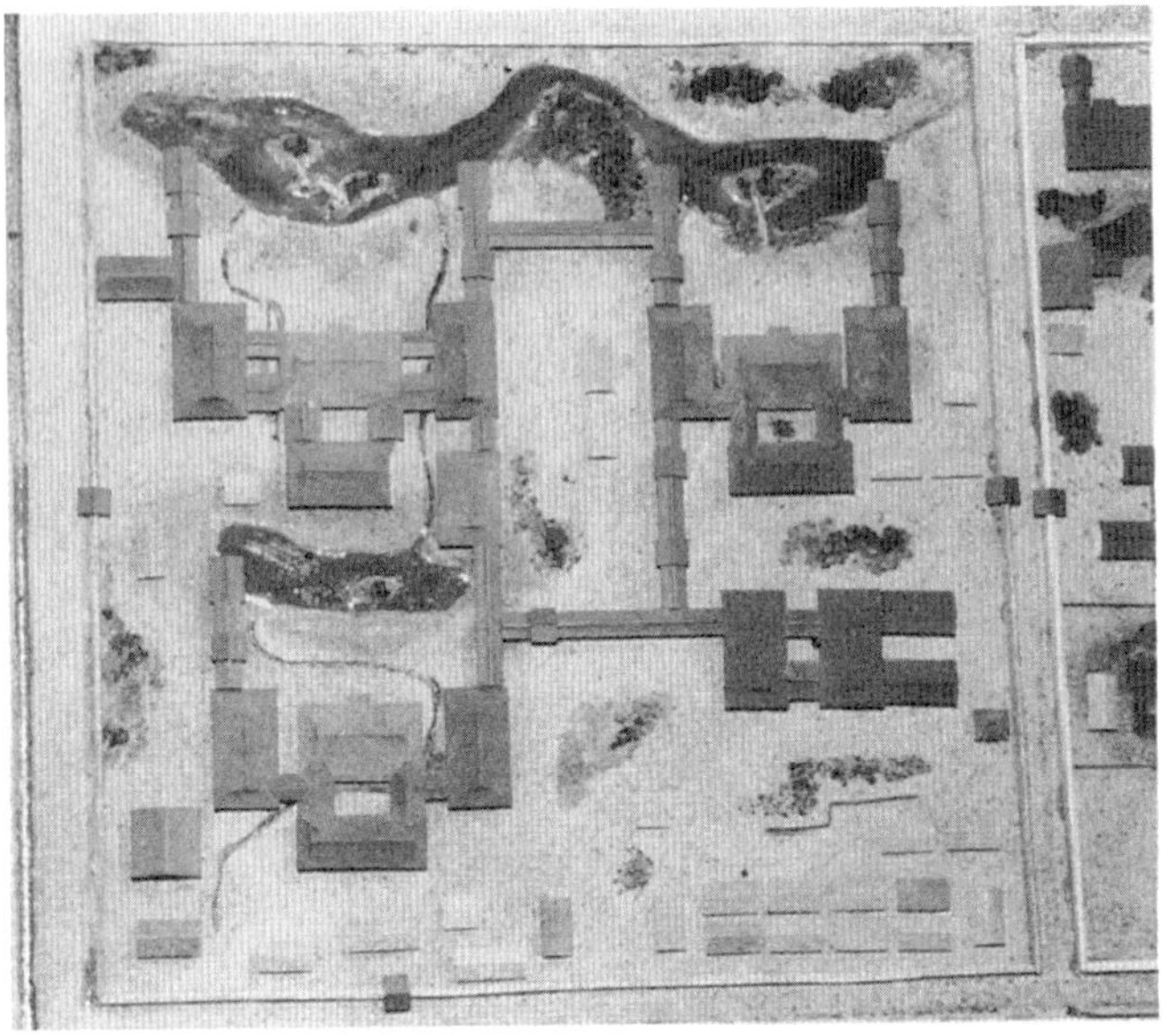

河原院（京都市蔵，淡交社刊『よみがえる平安京』より，横山健蔵撮影）

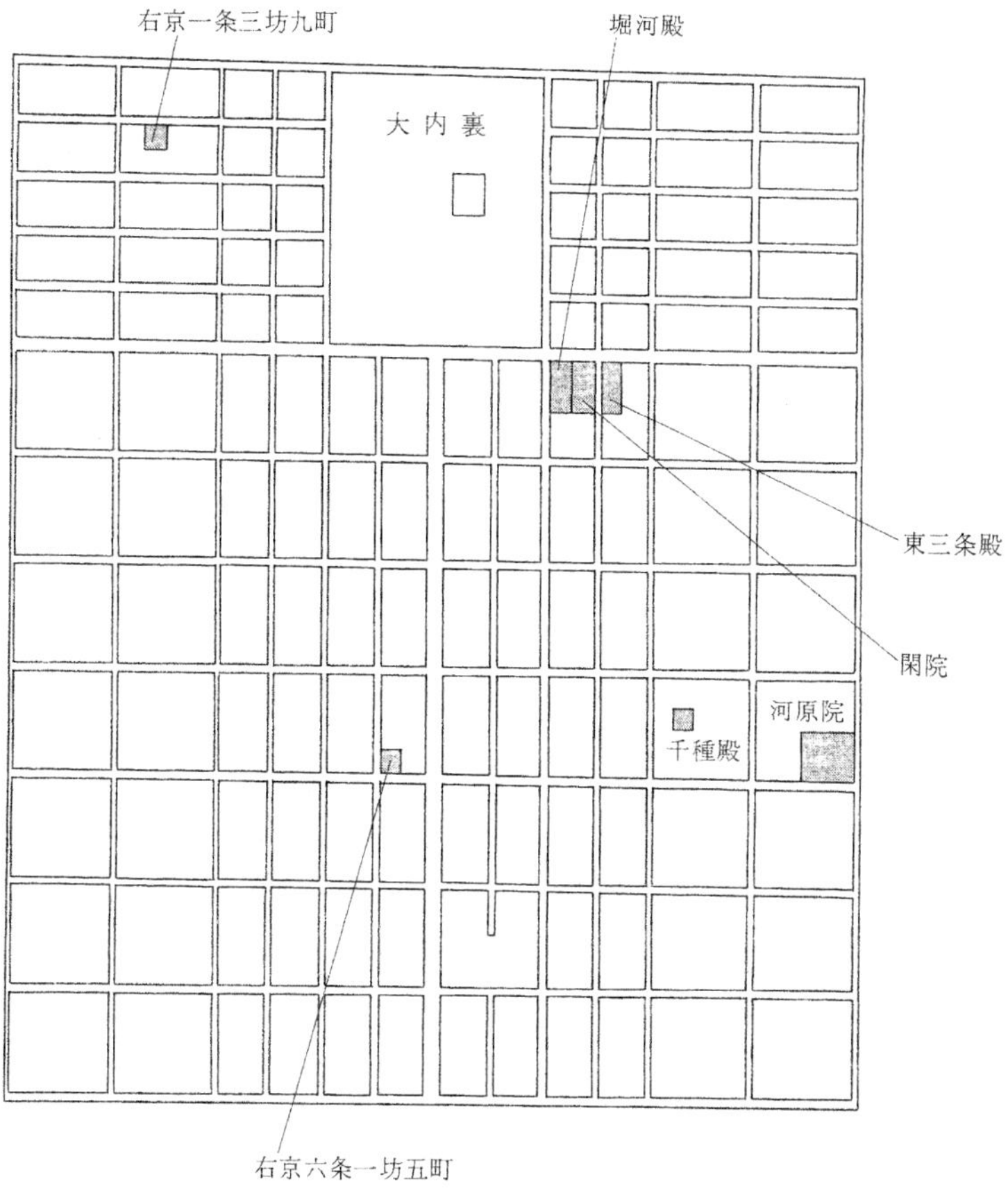


平 安 京 図

それとがあったようである。

河原院が京外に存在したことを示すものに『二中歴《にちゆうれき》』の「六条北京極東」や宇多上皇の諷誦文《ふうじゆ》の「林泉卜隣、喧囂《けんごう》隔境、択地而構、雖在東都之東、入門以居（林泉の地を占い、雑踏を避けて平安京左京の東に邸を構えた）」（『扶桑略記《ふそうりやつき》』延長四年七月四日条）などがある。この河原院は、融の死後、伝領した子息の「河原大納言」こと昇から宇多上皇に献上され、時おり御所として用いられることはあったが、融の霊が宿っているなどといった噂もあって住みつくことはなかったようである（『今昔物語集』など）。

**宇多上皇の御所として**

ある時、宇多上皇が寵妃《ちようき》の藤原褒子《ほうし》（時平の女）と河原院において築山などを観賞した後、夜になって房事に及ぼうとした時、融の霊が現れて褒子が気絶したという（『江談抄』）。これが史実か否かは定かでないが、この言い伝えが、ひょっとして紫式部の知るところではなかったか、と想像したくなる。昇の外孫に当たる褒子は、上皇の寵愛を得て三親王を生み、呼称の京極御息所・富小路御息所から察せられるように六条院（東六条院）ないし河原院に居住した可能性が高い。

いっぽう「寛平年中、河原院をもって寺となす」とあることから、宇多天皇の寛平年間

（八八九〜八九八）に寺院となったことが知られ（邸の一部であろう）、寛平七年（八九五）に他界した融が寺院化に深く関わっていたことは疑えない。これらを維持運営するための「河原庄田」の四至を「限南九条大路末、限北三条大路末、限東鴨河東岸、限西京極大路」（末とは京内街路の平安京外への延長部分をいう）としており、東西は京極大路から賀茂川堤までであるから、地形的にみて極端に細長い南北三㕓に及ぶ広大なものであった。しかし一世紀後には、その中に公私の所領田畠がすこぶる増え、相論も起きている（『平安遺文』四二一号）。

### 荒廃する河原院

河原院に住んだ融の子の僧仁康《にんこう》は、正暦二年（九九一）の春に仏師康尚《しょう》をして釈迦像一軀を造り、華厳経を書写して五時講を行っている。この時の願文は大江匡衡《まさひら》作、藤原佐理《すけまさ》の浄書というから格調高いものであったにちがいない（『続古事談』『本朝文粋』『帝王編年記』）。しかし、この釈迦像は一〇年後には別の場所に移されることになる。それは長保二年（一〇〇〇）四月二十日のことであり、その様子を藤原行成《ゆきなり》は『権記《ごんき》』に次のように記している。

僧仁康、先年、丈六尺迦像を奉造し、河原院に安置す。今日、白の牛車を作り、広幡《ひろはた》寺《でら》に奉移す。院、密々に御覧。左府、御共に候せらる。右大将・大蔵卿・余、車後に

河原院跡

本覚寺

河原院跡発掘現場

候す。見物の車馬、京極路に塡満す。帰御の後、帰宅す。

ここにみえる広幡寺は京極大路の東、近衛末路の南に所在したから、河原院から北へ二・五㌖ほど、その道のりを行く釈迦像の列を一目見ようと京極大路は、結縁《けちえん》を求める貴賤であふれかえったという。その中には東三条院（詮子《せんし》、円融女御、一条天皇母）・藤原道長姉弟の姿もあった。行成は、女院たちが帰られた後に帰宅している。

そもそも広幡寺とは、それまでの邸宅、広幡第を右大臣藤原顕光《あきみつ》から寄進を受けた仁康が寺に改めたもので、正式には祇陀林寺《ぎだりんじ》と称した。開基はこの時である。

その背景には河原院の荒廃が偲《しの》ばれるが、この十数年後のこと、藤原道長の子の頼宗《よりむね》の九条河原第（法性寺と相対して存在していた）を訪ねての帰途、河原院に立ち寄った藤原実《さね》資《すけ》は、日没の中に「荊棘盈満《けいきょくえいまん》、水石荒蕪」という荒れた状況を観察している（『小右記』九月二十九日条）。河原院の荒廃は『今昔物語集』などにも取材されており、実は、もっと早くに見られた。『古今和歌集』（巻第十六、哀傷）には紀貫之の次の和歌を収めている。

河原左大臣の身まかりてのち、かの家にまかりてありけるに、
塩釜といふ所のさまをつくれりけるを見てよめる　　つらゆき
君まさで煙絶えにし塩釜の　うらさびしくも見えわたるかな

この和歌は、『今昔物語集』(巻第二十四、第四十六)によると、土佐守の任を終えた貫之が上京の途次に立ち寄って詠んだことになっており、そうだとすれば十世紀前半である。これより時期が下がると思われるのが次の一首である。

八《や》重《へ》葎《むぐら》しげれる宿のさびしきに　人こそ見えね秋はきにけり

百人一首でおなじみのこの歌は、『拾遺和歌集』(巻第三、秋)所収で、「河原院にて、荒れたる宿に秋来るといふ心を人々よみ侍りけるに　恵慶法師」との詞《ことば》書《が》きがある。生い茂った葎が荒涼とした様を彷彿《ほうふつ》とさせ、この寂しい館に人の訪問はないけれど秋だけは訪れる、といった寂寥感《せきりょうかん》あふれる歌である。

作者の恵《え》慶《ぎょう》という僧は、係累・伝記ともに不詳であるが、三十六歌仙の一人に数えられた名歌人で、その交友から十世紀末に活躍した人であった。とりわけ源融の曾孫で、河原院に住んだ安法《あんぼう》法師の河原院グループ(梨壺の五人〈村上天皇の命により宮中の梨壺において『後撰和歌集』の編纂に従事した清原元輔・源順《したごう》・大中臣能宣《よしのぶ》ら五人〉をはじめ平兼盛・源重之といった歌人の集まり)の一人であったから、右の歌は現場を幾度となく踏んでいる恵慶の実感であろう。

ところで、河原院の史跡を東本願寺別邸の渉成園《しょうせいえん》(枳《き》殻《こく》亭《てい》)に求めるのは誤りである。

渉成園（枳殻亭）
融の供養塔がある.

渉成園には融塔があったりして往時の雰囲気を味わうことができるが、地理的に見て河原院跡はこれより東方になり、むしろ五条通りを少し下った高瀬川の東畔にたつ「此付近源融河原院址」と記した石標の辺りがその一郭になる。ただ、そこには往時を偲《しの》べる風景はない。

「八重葎」の歌をはじめ荒廃した河原院で想起されるのが、『源氏物語』「夕顔」巻の次の文である。

荒れたる門の忍ぶ草茂りて見上げられたる、たとしへなく木暗《こぐら》し。……日たくるほどに起きたまひて、格子《かうし》手づから上げたまふ。いといたく荒れて、人目もなくはるばるとみわたされて、木立《こだち》いと疎《うと》ましくもの古《ふ》りたり。け近き草木などはことに見所《みどころ》なく、みな秋の野らにて、池も水草《みくさ》に埋《うづ》もれたれば、いとけうとげになりにける所かな。

荒れるに任せた庭と暗くてうす気味悪い部屋。この情景は、光源氏が夕顔と心静かな時を過ごそうと渡り、夕顔が物怪《もののけ》にとりつかれて死んでしまう「なにがしの院」である。『河海抄』で、この「なにがしの院」の準拠を河原院としているのも宜《むべ》なるかなである。もっとも、これを具平《ともひら》親王の千種殿《ちぐさどの》と見なす説もある。

## 村上源氏と千種殿

村上天皇皇子で漢詩・書・音楽など諸芸に秀でた文化人として知られた具平親王が平安京左京の六条に構えた二町に及ぶ別邸が千種殿で、それゆえに親王は六条宮・千種殿とも呼ばれた。

十一世紀初頭、藤原道長の嫡男の頼通《よりみち》は、千種殿に住む親王息女の隆姫《たかひめ》女王のもとへ通い、やがて二人は結ばれた（『栄花物語』巻第八）。この関係から女王の弟の皇族賜姓、源師房《もろふさ》（村上源氏の祖、右大臣が極官）は頼通の養子となり、道長の娘の尊子《そんし》を妻にし、その間に生まれた麗子は頼通の嫡男の関白師実《もろざね》に嫁し、その間には関白師通《もろみち》が誕生している。

このようにして親王家は、婚姻を通じて摂関家と深い結びつきを持ち、このことが後の村上源氏の発展につながった。そして千種殿は後世に至る長期間、村上源氏の手で守り伝えられたのである。師房の嫡男の俊房《としふさ》が、前斎院《さきのさいいん》の娟子《けんし》内親王（後朱雀皇女）と密通事件を起こしたのもこの邸であった。

なお承暦元年（一〇七七）、学者官僚の大江匡房《まさふさ》が関白藤原師実から千種殿の西半分を購入したことが、左大臣源俊房の日記『水左記《すいさき》』に見えるが、自家のことゆえ俊房としても関心が強かったのであろう。匡房は、邸の一郭に「江家《ごうけ》文庫」（「千草文倉」）を設け、「江家十代之書倉」として万巻の書籍を蔵していたが、彼の死から四〇年余り経った仁平三年（一一五三）夏の類焼ですべてを失っている。

**源融と光源氏**

河原院から話がそれたが、右に述べたことから、あらためて皇族賜姓の左大臣源融と光源氏との生活環境や人的な境遇が似ていることを痛感する。さらには、紫式部の作品が『藤氏物語』ではなしに『源氏物語』である点、作者の光源氏像には、一世紀前の源融が大きく投影しているように思えてならない。

なお、河原院のような四町規模の邸宅は平安京を見わたしても僅かで、冷泉《れいぜい》（然）院・朱雀《すざく》院・淳和《じゅんな》院といった後院（太上天皇の居所）を除けば、藤原頼通の高陽《かや》院（賀陽院の後身）ぐらいであり、道長邸をはじめ摂関家の屋敷でも二町規模（九〇〇〇坪弱）であるから、京内において目立つ存在であったろう。

ちなみに「累代の後院」の呼称があるのは冷泉院・朱雀院であり、前者は「四町の邸で周囲を大路がめぐるのは京中でもここだけ」といわれたが（『大鏡』）、これは正しい認識ではなく、この東北に所在の高陽院も同様であった。なお、冷然院は二度の焼失のあと「然」は「燃」に通じるという理由から「泉」に改められている。十世紀中期のことである。一方の朱雀院は、朱雀大路に東接して所在し、広さ八町という平安京でも最大規模の屋敷であった。

さて、前置きはこのぐらいにして本題に入ることにするが、まず平安京四〇〇年の様相を変容に視点を置いて概観することから始めよう。

# 王朝の都・四〇〇年の変遷

# 初期平安京の様相

### 遷都後の動き

晩年の平城京で即位した桓武天皇は、三年後に交通至便の地、長岡京に遷都した。そして、ここが桓武天皇の終《つい》えの都となるはずであったが、忌まわしい事件が相ついだため、造作中のこの都も放棄のやむなきに至った。

その結果、田園風景の中で静かな生活に慣れ親しんでいた人々に大きな変化が訪れた。八世紀末の平安遷都である。詔に言う、「山河襟帯《きんたい》にして自然に城をなす」という景勝にちなんで国名も「山背《やましろ》」から「山城」に改められた。平安京と命名された新京は、桓武天皇の思いが届いたのか、日本古代の最後の都として最長の四〇〇年という長命を保ち、その後も王城の地「京都」として長い歴史をきざむことになった。

思うに遷都時の平安京は、条坊の設定、つまり道路と住居地を分かつ線引きが施され、最小限度の建物が存在した程度で、先住者の家のほかは田野が広がる光景ではなかったか。なお京（宮）域内の先住者の多くは、代替地をもらって現住の地を明け渡すことを余儀なくされた。こういった作業には遷都の一年前には取りかかっている。そんなことなども考慮すると、本格的な都づくりが始まるのは遷都後といってよい。

そのことを裏付けるのは、長岡京での藤原種継《たねつぐ》の暗殺が遷都翌年の夜の造京工事を視察中のことであったこと、平安遷都の三年後に諸国から二万人余の雇夫を召集して造京に従事させており、これ以降にも散見すること、などである。

また、平城《へいぜい》上皇が藤原薬子《くすこ》の思いを入れてか、平城宮に移って造営を手がけ、平安京に移り住んだ貴族らに還都を呼びかけたことも、この際に参考となろう。平安遷都から一五年ほどしか経っておらず、その前の一〇年は長岡京、と不穏な動きが続くなかで、平城京に住居を置いていた貴族の存在を暗示させる。そういったことが背景となって還都の動きがみられたのであろう。これが原因で起きたのが薬子の変であったが、即位して一年余後の嵯峨天皇は、機先を制してこれを押え込んだ。これ以後、旧都が顧みられることはなく、鴨長明《かものちょうめい》が『方丈記《ほうじょうき》』のなかで「平安定都は嵯峨天皇の時」と言っているのは、こういった状況を踏まえてのことであろう、鋭い洞察である。

### 邸宅の規模

おそらくこの時点で平安京への集住が強力に推しすすめられたものと思うが、その家地の分配、すなわち宅地班給を行うに当たっては、皇族、公卿から官人、庶民に至るまで位階に応じた広さの土地が支給されたのである。条坊を構成する基本の一町（一万四四〇〇平方メートル）が与えられるのは三位以上の公卿であり、以下、二分の一町、四分の一町と細分され、三二分の一町（四五〇平方メートル）を一戸主《へぬし》と称して宅地の最小単位とした。しかし現実には、一戸主よりも狭小地の売買を示す土地売券があるし、発掘調査によっても小規模の民家の遺構が見つかっているから、一戸主は一応の目安であった。

その意味では邸宅の許容規定も目安の域を出るものではなく、受領《ずりよう》（規定では二分の一町か四分の一町）などは財力に物を言わせて一町家に住む輩が出てきた。その傾向が摂関盛期には一段と高まったとみえ、長元三年（一〇三〇）には「諸国吏の居所、四分の一宅を過ぐべからざるに近来、多く一町家を造営し、公事《くじ》を済まさず。また六位以下、築垣《ついがき》並びに檜皮葺《ひわだぶき》の宅を停止すべし」（『日本紀略』）との禁令が出されている。いっぽう十二世紀はじめのことであるが、某大納言の六角東洞院の新造亭について「これ法の如く一町家」（『中右記』）と言っているから、後世までその認識があったことを知る。

## 都の展開

ところで造京工事に関しては、天皇の居所である内裏とか儀式を行う朝堂院《ちょうどう》、それに行政の場としての諸々の役所、つまり大内裏《だいだいり》（平安宮）の部分と、京内でいえば諸司厨町《しょしくりやまち》、京職《きょうしき》(京内の住民を管理し、司法・行政・警察など民政万般の業務に当たった役所）とか禁苑（神泉苑《しんせんえん》）などはいち早く着手されたものであろう。それに東西の市。住民の消費生活を担う唯一の施設である市は、遷都の数ヵ月前に旧京（これが長岡京なのか平城京なのかは不明）から遷している。

京内への人々の移住も遷都後には活発化したであろう。家づくりの槌音《つちおと》がこだましあい、空き地が徐々に埋められて新しい生活が、そこかしこで始まった。

四〇〇年の平安京の住み分け状況を知る貴重な資料がある。それは、平安建都一二〇〇年記念事業の一環として制作された「平安京復元模型」（一〇〇〇分の一）である。この模型制作は、考古・歴史・地理・建築などの分野からなる研究者が一堂に会し、足掛け二年に及ぶ研究討議のすえに完成したものである。そもそも四〇〇年という幅をもつものを一平面に表現することには無理があり、けっきょく平安時代を前期・中期・後期の三期に分け、それを合わせて復元されたのである。その結果、抜け落ちた資料も多くでたので、それらをも活かして三期の変遷図が作成された。これが平安京の変容を大まかに捉えるうえで参考となるのである。

その図を見ると、前期は、大内裏の周辺（右京も含め）と朱雀大路に沿った部分に公的機関の施設が登場、中期は、閑散とした右京に反比例して左京の四条以北に邸宅が集住（多くは有力貴族）、後期は、右京域の荘園・耕地化がすすみ、左京域は全般に邸宅が建ち並び、民家も増加、といった顕著な傾向が読み取れる。

そして、貴族の邸宅が公的機関や皇族の住居よりも遅れて出現した様子がわかり、右京域は湿潤な地ということもあって当初から敬遠されたようで、有力貴族で邸を構えた人はほとんど知られていない。ところが右京域から、近年の発掘調査によって比較的早い時期の大規模な邸宅の遺構が二件も発見され、しかも文献史料にまったく出典しないこととも相まって、大きな話題を呼んだ。その後の発掘調査でもこのような規模の遺構は見つかっていない。

二〇年ほど前のこと、京都府立山城高校の敷地から一町を占める大規模な建物群が発見された。平安京の地点表示では右京一条三坊九町にあたるこの場所において、中央北寄りの正殿（七間二面）を「コ」の字形に取り囲んで後殿と四棟の脇殿が建ち、この中心建物

右京一条三坊九町遺構（山城高校遺跡）

右京六条一坊五町遺構（リサーチパーク発掘遺構）

群の西と南には付属の建造物や井戸、柵、溝などが検出された。これらの建物群は九世紀の初頭には解体されたらしいので、平安京草創期に短命で終わったようだ。その規模からいって、邸宅主を桓武朝下の実力者であった天皇の親族の王たちに充てる意見もあるが、決め手はない。こんにち、この遺構は保護されてグラウンドの下に眠る。この北には、源融に始まり、後に宇多上皇の御所となった四町の広さの宇多院があったが、これ以外にこの周辺における邸宅の存在は知られていない。

もう一件は右京六条一坊五町で、一〇年前にこの場所から九世紀の大規模な建物群が見つかった。それは、五間四面の正殿や北・東・西・東北の各対屋《たいのや》とこれらを結ぶ回廊《かいろう》など、いわゆる寝殿造《しんでんづくり》にきわめて近い形式をもつものであるが、寝殿造に必須の施設、正殿の南の池庭はなかった。また、中心をなすこれらの遺構の東北部からは数棟の雑舎が検出されるなど、この地において一四棟の建物をはじめ廊、柵、井戸、溝などの遺構が見つかっている。これらの遺構は、敷地の中央より東辺に集中していて、西半部分は湿地のためか、居住域にはしなかったらしい。全貌が明らかになった時点で建都一二〇〇年を数年後に控えていたが、その復元を望む声をよそに四〇分の一の推定復元模型を残して遺構は失われ、京都リサーチパークに取って代わられた。残念なことである。

## 都の景観整う

「あをによし奈良の都は咲く花のにほふがごとく今盛りなり」(小野老《おののおゆ》)が平城京を代表する歌ならば、平安京のそれは「みわたせば柳桜をこきまぜて宮こぞ春の錦なりける」(素性《そせい》)であり、いずれも都の繁栄ぶりを謳歌して余りある。ただ、前者が任地の大宰府《だざいふ》にあって遠く都を偲《しの》んで詠《よ》んだ歌であるのに対して後者は、その都で詠んだものである。そして、所収するのが『万葉集』に対して『古今和歌集』ということも、新しい都、平安京を象徴しているように思えてならない。

そのわけは、前者の漢字(万葉仮名)に対して後者の仮名である。中国から入った漢字

（真名・真字）をもとにして、わが国で「仮名」（仮字）が発明されたのは平安時代のことであり、その仮名を用いての最初の勅撰《ちよくせん》和歌集が『古今和歌集』であった。醍醐《だいご》天皇の命を受け、紀貫之《きのつらゆき》らが撰者となって、この歌集が作られたのは十世紀はじめのことである。このあと十三世紀初頭の『新古今和歌集』（後鳥羽《ごとば》上皇の命を受け藤原定家《さだいえ》らが撰進）までの勅撰和歌集を八代集と呼び、和歌史上、最高を行く作品群と称えられている。このことを含め、王朝女流文学が生まれ、後世のおびただしい仮名物の出現を思う時、仮名の発明は文化史上の大革命といっても過言ではない。

ところで、「みわたせば」の歌には「花ざかりに京を見やりてよめる」との詞書《ことばがき》があるから、身を街中に置いての詠歌《えいか》ではなく、どこか小高い丘あたりから、うららかな春の日の京を眺望して詠んだものであろう。さらに作者に注目すると、もっと興味が涌《わ》いてくるのである。

作者の素性（俗名は良岑玄利《よしみねのはるとし》）は、三十六歌仙の一人に挙げられるほどの人だから歌の腕は抜群である。父は遍昭《へんじょう》（俗名は良岑宗貞《むねさだ》）、あの「あまつ風雲の通ひ路」の歌で有名な僧であり、その父は桓武天皇皇子の良岑安世《やすよ》であるから、素性は桓武天皇の曾孫という間柄になる。そういうことになると、「みわたせば」の歌は、一介の僧が漠然と桜花の京を詠んだものではなく、「わが曾祖父に始まるこの京がこんなに発展した」という思い入れが込められている、と見るべきであろう。素性の生没年は不詳であるが、桓武の時から七、八十年は経過しているであろうから、平安京も都城としての景観を整えていたといえる。この歌は『古今集』の成立に比較的近い時期に詠まれたものではなかったか。

ところで、平安京の変容ということで想起されるのが慶滋保胤《よししげのやすたね》の『池亭記《ちていき》』（漢文体）という作品である。作者は、下級官人に身を置いてはいるが、儒学や漢詩に通じる無類の知識人であるがゆえに文飾は免れない。しかし、それを割り引いて考えても、平安京全体を見据えての変化を短編ながら実によく捉えている。一人の手になるこのような作品は他に見あたらない。

文末に「天元五載《ねん》孟冬十月、家主保胤、自ら作り、自ら書《しる》す」とあって、これが九八二年に書かれたことがわかる。保胤の指摘は、右京の荒廃と左京の繁栄、その左京内の北と南で地価が異なっていた、左京外の北と東への人家の進出、といった点である。

上東門大路《じょうとうもんおおじ》（土御門《つちみかど》大路）に面した屋敷で、家族とともに間借り生活を送ってきた保胤は、五十歳近くなって自分の家を持とうと考えた。しかし、住み慣れたところは地価が高くて手が出なかったので、六条のあたりに四分の一町ほどの土地を買って家を建てた。ここで作者は、土地の値の差異を吐露しているのである。事実、左京の四条あたりから以北には有力貴族の一町家が多く、これが十世紀末の平安京の状況であった。

この地域は京官の勤務先である大内裏にも近く、なにかと好都合であった。保胤の寄居先もそのことを考慮してのことであったかと思うし、退職以降の住まいはそれにこだわることもなかったのであろう。

大内裏と至近のところに里内裏《さとだいり》としてよく用いられ、摂関家に伝領された豪邸が建ち並んでいた。大内裏の南を通る二条大路（朱雀大路に次ぐ広さの五〇メートル余の道幅）と北接して建つ南北二町の堀河殿・閑院《かんいん》・東三条殿がそれである。

# 里内裏の登場

## 堀河殿と円融天皇

平安時代の天皇の居所を内裏《だいり》と称したが、これと京都御所を混同している人がいるけれど、両者が異なることはすでに述べたとおりである。そして、内裏の火事などによって天皇が一時的に住んだのが里内裏《さと》である。

いうまでもなく平安京の内裏は桓武天皇に始まるが、それが火事によって失われる初例は天徳四年（九六〇）のことであり、二時間ほどの間に全焼した。このため時の村上天皇は、内裏再建までの一年二ヵ月を冷泉院で過ごしたが、この冷泉院は累代の後院であったから里内裏とは呼ばれなかった。内裏はこの後、二世紀余りの間に二〇回以上の焼亡が知られ（里内裏を含む）、初焼亡までの一六〇年と比較すると、その頻度の差異を奇とするが、

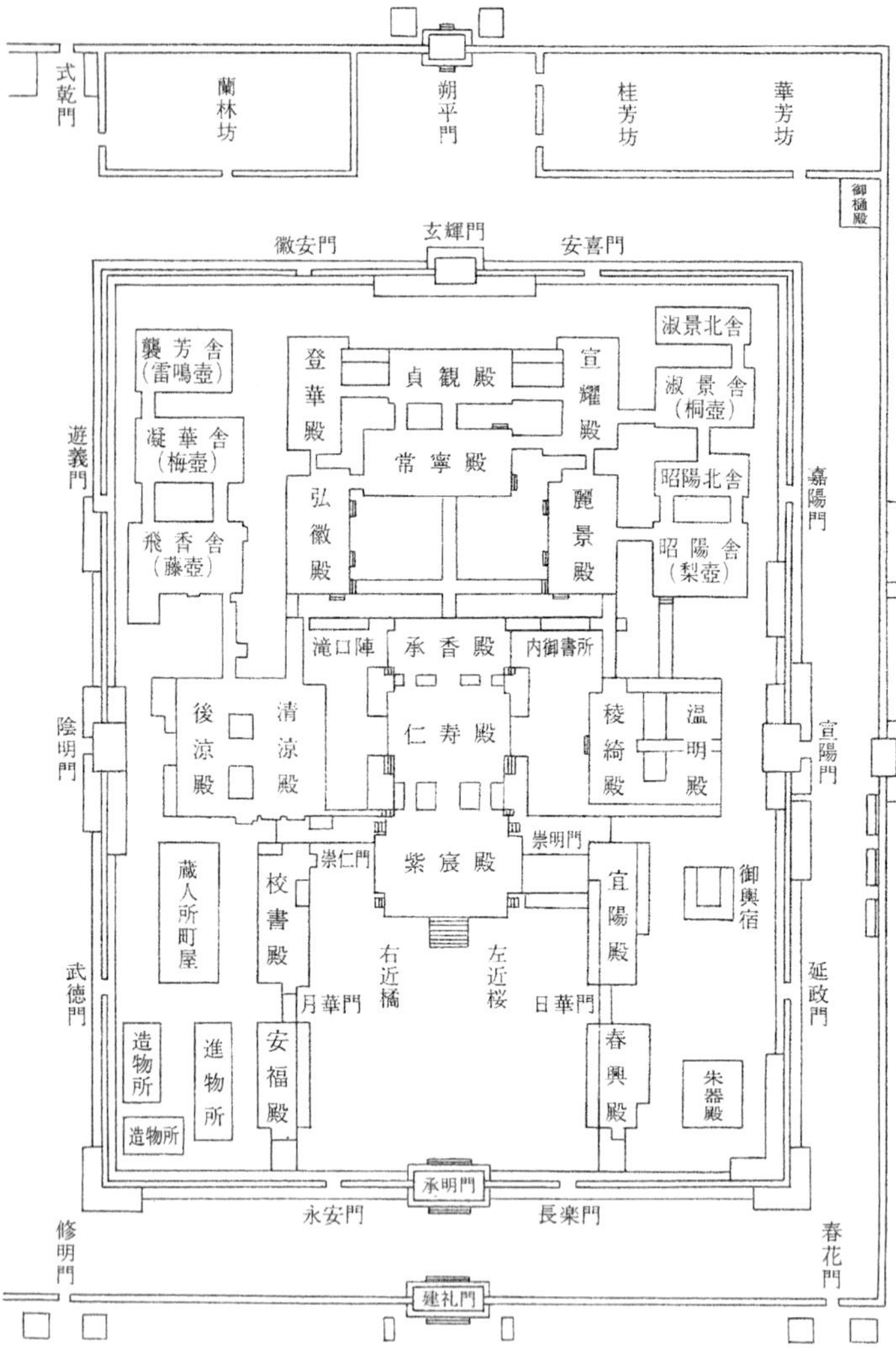
式乾門
蘭林坊
朔平門
桂芳坊
華芳坊
御樋殿
徽安門
玄輝門
安喜門
淑景北舎
襲芳舎
(雷鳴壺)
登華殿
貞観殿
宣耀殿
淑景舎
(桐壺)
遊義門
凝華舎
(梅壺)
常寧殿
昭陽北舎
嘉陽門
弘徽殿
麗景殿
飛香舎
(藤壺)
昭陽舎
(梨壺)
滝口陣
承香殿
内御書所
後涼殿
清涼殿
仁寿殿
綾綺殿
温明殿
陰明門
宣陽門
建春門
崇明門
崇仁門
蔵人所町屋
校書殿
紫宸殿
宜陽殿
御輿宿
右近橘
左近桜
武徳門
延政門
月華門
日華門
造物所
進物所
安福殿
春興殿
朱器殿
造物所
承明門
永安門
長楽門
修明門
春花門
建礼門

平安京内裏図

理由はわからない。

けっきょく里内裏の登場は、二度目の内裏焼亡の時である。再建から一五年後の貞元元年（九七六）夏の夜中のこと、仁寿殿の西面から火の手があがった。出火場所は清涼殿《せいりようでん》とは庭を隔てるだけであったから、円融天皇（村上皇子）は後宮の弘徽殿《こきでん》・登華殿《とうかでん》に通じる廊下を通って内裏内郭の北門、玄輝門《げんきもん》を出てすぐの桂芳坊《けいほうぼう》に難を避けた。しかし火勢が強かったので内裏の東の職（御）曹司《ぞうし》に移っている。その後の経緯について『栄花物語』（巻第二）には次のようにある。

> かかるほどに内裏《うち》も焼けぬれば、帝のおはします所見苦しとて、堀河殿をいみじう造りみがきたまひて、内裏のやうに造りなして、内裏いでくるまではおはしまさせんと急がせたまふなりけり。貞元二年三月二十六日に堀河院に行幸あるべければ、天下いそぎみちたり。その日になりて渡らせたまふ。中宮もやがてその夜移りおはしまして、堀河院を今内裏といひて、世にめでたうののしりたり。

これによると、天皇は職曹司が見苦しかったため堀河殿（院・第とも）に移徙《いし》したという。そして堀河殿が里内裏の嚆矢《こうし》となるが、それを「今内裏」、つまり本内裏は焼失してないのでそれに代わる当今の内裏、と称したことは象徴的である。堀河殿の所有者は関白太政大臣藤原兼通で、中宮（皇后）はその娘の媓子《こうし》である。つまり天皇は、妻の実家（「里亭」）を里内裏としたのである。以降こうした例が圧倒的に多く、「里」の由来も知られるというもの。

ここで注目したいのは、堀河殿を内裏に似せて造っていることである。堀河殿は、寝殿（南殿）を中心に東・西・北に対屋、南の池に張り出して釣殿等を設け、これらが廊下で結ばれる、いわゆる典型的な寝殿造であった。これと天皇の居所、内裏（清涼殿）とでは結構が大きく異なるので、天皇が当惑しないように堀河殿を部分的に内裏に似せて造り替えているのである。このことに関して参考となるのが、藤原道長の枇杷殿《びわどの》が一条天皇の里内裏となった時の『御堂《みどう》関白記』に「子時《ねのとき》、行幸す。不日の造作未だ了《おわ》らざると雖《いえど》も九重の作様、頗《すこぶ》る写し得る」（寛弘六年十月十九日条）とみえることである。

天皇の堀河殿への移徙を「貞元二年三月二十六日」、中宮の渡御をその夜とするが、これは『栄花物語』の誤記である。堀河殿へは、天皇が貞元元年七月二十六日、中宮が八月十三日（中宮は七月十七日に職曹司から三条堀河の藤原朝光邸に遷御し、そこから堀河殿へ）にそれぞれ移徙していることが『日本紀略』によって明らかである。そうなると『栄花物語』は、「二十六」が共通で、「元」と「二」、「七」と「三」は崩すと紛らわしいことから書写段階で誤ったという見方もできる。また、貞元二年三月二十六日には、天皇が藤原兼通の閑院第に行幸して桜花の宴に興じているから、このことと混乱したとも考えられる。そのいずれかであろう。

なお、閑院への行幸の賞として、兼通の子の朝光は二階級昇《あ》がって従二位に加階し、一ヵ月後には権大納言《ごんだいなごん》（二十七歳）に昇進している。この種の加階は「家賞」と呼ばれ、当時よくみられた現象である。

兼通は三男の朝光を特に可愛がったようで、「故堀河殿（兼通）の御宝は、この大将（朝光）の御もとにみな渡りたる」というが、邸宅の堀河殿は朝光の所有とならず、異母兄の嫡男、顕光が伝領している。そして「閑院は朝光の大納言住みたまひける」とあるように朝光は閑院を伝領し、それゆえに「閑院大将」と呼ばれた。

円融天皇、中宮、東宮《とうぐう》（師貞《もろさだ》親王、花山《かざん》天皇）が新造内裏に遷御したのは貞元二年七月二十九日であるから、堀河殿での滞在は一年に及んだ。ちなみに、この時の内裏の殿舎や門に掲げる額の字は三蹟の一人、藤原佐理《すけまさ》の手になるもので、その筆跡に感嘆した天皇から禄が与えられた。

この内裏も三年後には焼失、そして一年がかりで新造なった内裏が一年後にまた焼失、といった目まぐるしい事態が続いた。このおり天皇は再度、堀河殿を用いているが、その時点では、この邸を自ら新造して後院と定めていたようである（『日本紀略』同年十二月二十五日条）。天皇の譲位は一年八ヵ月後のことであるが、うち続く内裏焼亡が一因とも言われている。

## 閑　院

大内裏の東南、二条大路に面して並存する堀河殿・閑院・東三条殿は、いずれも南北二町の広さを誇る摂関家にゆかりの邸宅であって、里内裏として用いられることも多かった。閑院は冬嗣《ふゆつぐ》、東三条殿は良房《よりふさ》、堀河殿は基経というぐあいに草創期の摂関家三代によって開かれたが、基経はすべてに関わり、儀式など公的な用途には堀河殿、私的には閑院というような使い分けをしていたという（『大鏡』）。その閑院が、経緯は不明であるが、南家の藤原致忠《むねただ》の所有となっていた。それを兼通が買得したのである。その時期は、堀河殿が初の里内裏となっていた間のことである。『日本紀略』貞元元年十一月二日条に次のようにある。

今夜、太政大臣（兼通）、朱雀院より閑院に遷坐す。件の所、右京大夫《うきょうのだいぶ》藤致忠の所領なり。而《しか》るに大相国《だいしょうこく》（太政大臣の官職唐名）堀河院、天皇遷幸の近しむるに依るなり。今夜以後、三ヵ日饗膳《きょうぜん》あり。

閑 院 跡

堀河殿跡

東三条殿跡

東三条殿跡

東三条殿模型（京都府京都文化博物館蔵）

（『年中行事絵巻』）

平安京復元模型の中の東三条殿

（京都市蔵，淡交社刊『よみがえる平安京』より，横山健蔵撮影）

東三条殿での大饗

どうやら兼通は、堀河殿が天皇の里内裏となったことで他所（朱雀院もその一つか）へ移り、今後のことも考えて隣宅の閑院を入手したのであろう。その月のうちに東宮は左近衛府《さこのえふ》（ここを仮の居所としていたものか）から閑院の東の対に遷御し、新造内裏へ移るまで滞在した。

ところで藤原致忠が閑院を購入して邸宅とした時、庭に泉石の風流を施そうとして、石一個を金一両で買うと言いだし、たちまち京中の噂となった。これを聞きつけた業者らは手を尽くして「奇巌恠石《きがんかいせき》」を運び込んで売ろうとした。しかし致忠が「今は買わず」と言ったものだから、売りに来た人たちは門前に投げ捨てて立ち去った。そのあとで致忠は、趣のある石を撰んで立てたという（『江談抄』第三）。致忠のちゃっかりした一面を伝えて興味深いが、真偽のほどは定かでない。

この致忠から兼通へ、を裏付けるのが長元元年（一〇二八）九月十六日の焼亡を伝える『左経記』の記事で、そこに「件《くだん》の院、故陸奥守《むつのかみ》致忠朝臣《あそん》これを作る。次いで故堀河大相国伝領し、次いで当時の大相国（藤原公季）伝領し、次いで去年より宮権大夫《みやのごんのたいふ》（藤原能信）に譲与す。他所せらるの後、この災あり」とある。ここで公季《きんすえ》（兼通の弟、閑院を号し、閑院流の祖となる）から能信に移譲したことをもって、兼通流から離れたことと火事を結びつけているのが興味深い。ちなみに能信は、道長の妻の一人、明子《めいし》腹の子で、白河天皇の生母の茂子は能信の養女である。

この界隈《かいわい》は、平安時代を通じて庶民たちの足を踏み止まらせるような雰囲気が漂っていたにちがいない。そんななかで政権の座をめぐる陰湿な葛藤が幾度となくみられた。その代表は、なんといっても十世紀中期に起きた藤原兼通・兼家兄弟の骨肉の争いであろう。兄は堀河殿、弟は東三条殿の主であっただけに熾烈《しれつ》をきわめたが、そのことは後に触れることになろう。この兄弟の争いをテーマにした短編小説が谷崎潤一郎の『兄弟』である。

これらの場所は、二条城と堀川通りを挟んだ二条通りの東南一帯に当たり、そこにはホテルや学校と民家が建ち並び、邸跡を示す石柱のほかに往時を偲ぶよすがはない。

# 京外への進出

## 東への発展と院御所

平安京の中心をなす朱雀大路は、道幅が狭小になってはいるけれど今の千本通りに相当する。しかし今日の京都の中心を千本通りと見なす人はいないだろうし、それは烏丸《からすま》通りか河原町通りとなろう。いうなれば、平安京（京都）は東へ進展していったことになるが、その傾向は遷都直後からあり、十世紀末には顕著になっていた事実はすでに述べたところである。その東進を大きく促進させたのが、平安京の東と南に出現した院御所《いんのごしょ》であった。

一般に律令政治の変形とみられているのが摂関政治と院政だが、公卿たちによる合議制と天皇の裁許を仰ぐ、という点では従前と本質的には変わるものでない。ただ、摂関あるいは上皇が、天皇を深く取りこんで政治を主宰する形態を定式化した点が異なっている。そして摂関体制下といえども政治の場は、依然として内裏《だいり》および周辺のしかるべき施設であった。ところが、院政の場は院御所であった。

院御所は、京内の受領たちの邸宅を借り受けて充当する場合もあるが、そうではなしに自らの手で造作することもあった。後者の例として鴨東《おうとう》の白河御所と京南の鳥羽離宮、それに東山の法住寺殿があり、いずれも京外に造営された大規模な御所であった。

**白河御所**

院政の開始者である白河上皇が、最初に手をつけたのは白河の地である。

白河院、御願寺の事を始めらる。件《くだん》の所、故宇治大相国の累代の別業なり。左大臣、伝領し、公家に献ず。

これは承保二年（一〇七五）のこと、つまり父頼通《よりみち》の死の翌年、左大臣の藤原師実《もろざね》は先祖以来の別荘を天皇に献上した。白河天皇は、ここに寺院の建立を思いたち、二年後には落慶を見た。法勝寺《ほっしょうじ》がそれで、八〇《メートル》を越す八角九重の壮大な塔をはじめ金堂・講堂・阿弥陀堂・五大堂・鐘楼といった伽藍をもち「国王の氏寺」と呼ばれた。

これに続いて歴代四人の天皇と一人の中宮の御願寺《ごがんじ》が半世紀ほどの間に出現した。これを総称して六勝寺と呼ぶが、この西方に白河南殿（当初は泉殿と称す）・北殿、それに白河

白河殿遺跡

51　京外への進出

白河殿・六勝寺全景
（京都市蔵，淡交社刊『よみがえる平安京』より，横山健蔵撮影）

押小路殿《おしこうじ》（鳥羽上皇）と蓮華蔵院《れんげぞういん》、宝荘厳院、得長寿院、金剛勝院が登場した。この御所と御堂の組み合わせを、後続の院御所が踏襲することになるのである。

　これらは二条大路末を中心とする南北に広範囲にわたって存在したが、その跡は平安神宮、京都会館、動物園、美術館など文化施設の広場と化し、往時を偲《しの》ぶものは皆無であり、所々に建つ標柱と地名に想像をめぐらすしかない。ただ、建設工事にともなって本格的な発掘調査のメスが入れられてから四〇年、その間に検出された遺構もある。その豪華絢爛の様相は、先に紹介した「平安京復元模型」（以下「模型」と略称）によって具《つぶさ》に知ることができる。

### 鳥羽御所

　この白河御所に対して鳥羽御所の方は、白河天皇が譲位を控えての後院の造作にはじまる。

> 公家、近来、九条以南の鳥羽山荘に新に後院を建つ。凡《およ》そ百余町を占う。近習の卿・侍臣・地下雑人《ちげぞうにん》ら各家地を賜り、舎屋を営造すること宛《あたか》も都遷りの如し。讃岐守高階《さぬきのかみたかしな》泰仲《やすなか》、御所を作るにより、已《すで》に重任《ちょうにん》の宣旨《せんじ》を蒙る。備前守《びぜんのかみ》藤原季綱《すえつな》、同じく以《もっ》て重任す。山荘を献ずるの賞なり。五畿七道六十余州、皆共に課役し、池を掘り、山を築く。去る七月より今月に至るも其《そ》の功、未だ了《おわ》らず。洛陽《らくよう》の営々、此れに過ぐるなし。

鳥羽離宮復元図

（中西立太画，朝日新聞社刊　週刊朝日百科日本の歴史65『院政時代』より）

池の広さ、南北八町、東西六町、水深、八尺有余。殆ど九重の淵に近し。或は蒼海を模して島を作り、或は蓬山を写して巌を畳む。船を浮かべて帆を飛ばし、煙浪《えんろうびょう》渺々たり。棹を飄《ひるがえ》して碇《いかり》を下ろし、池水湛々たり。風流《ふりゅう》の美、勝《あ》げて計《かぞ》うべからず。

ここに言う水量豊富の理由は、鳥羽御所が鴨川（このあたりでの旧鴨川の流路は現在のそれよりも一䟽以上東にあった）と桂川の合流地点の北に位置していたことによるもので、それゆえに水害に見舞われることも多かった。水に恵まれたということから「城南《せいなん》の水閣」「鳥羽離宮」の名もある。

右の史料は、譲位の一ヵ月前の『扶桑略記《ふそうりゃっき》』の記述であるが、後院として建造したものを院政の開始によって院の御所に充当したのである。その財力は受領の成功《じょうごう》（売官売位）に負うところ大きく、院の近臣に受領の躍進が著しいことを象徴するかのようである。

鳥羽御所のうち鳥羽南殿・北殿・泉殿・東殿および証金剛院《しょうこんごう》（南殿に付随した御堂）は白河上皇の時、田中殿（付随の御堂の金剛心院も）と成菩提院《じょうぼだい》、勝光明院《しょうこうみょう》（北殿に付随した御堂）、安楽寿院《あんらくじゅ》（東殿に付随した御堂）などは鳥羽上皇の時代に出現している。雄大な池泉に恵まれた諸殿舎の状況は「模型」からも彷彿《ほうふつ》としてくる。

両天皇の謚号《しごう》にまでなった白河・鳥羽御所ではあったが、そのあと院政を執った後白河上皇は、一度としてこの御所を用いることはなかった。むしろ上皇にとっての鳥羽殿は、平清盛によって幽閉された後味の悪いものとの印象が強かったのではないか。

### 法住寺殿

その後白河上皇が院御所とした法住寺殿は、鴨川の東から東山にかけて七条大路末の南北に及ぶ広大な地に展開された。この御所の名は、十世紀末から半世紀近くこの地に所在した寺院、法住寺に因《ちな》んでおり、それは、太政大臣藤原為光《ためみつ》が花山天皇女御《にょうご》となっていた娘の菩提を弔って創建したものである。

上皇がここを御所とした契機は、その一郭にあった藤原通憲《みちのり》夫妻の居所である。通憲は出家して信西《しんぜい》と称し、妻の藤原朝子が上皇の御乳母であったことをバネに後白河院政下で辣腕《らつわん》を振るったが、平治の乱で殺された。

御所の開始は永暦二年（一一六二）で、寿永二年（一一八三）には木曾義仲の焼き打ちに遭《あ》っているから、上皇の御所としての全盛期は二〇年ほどである。この御所が源頼朝の

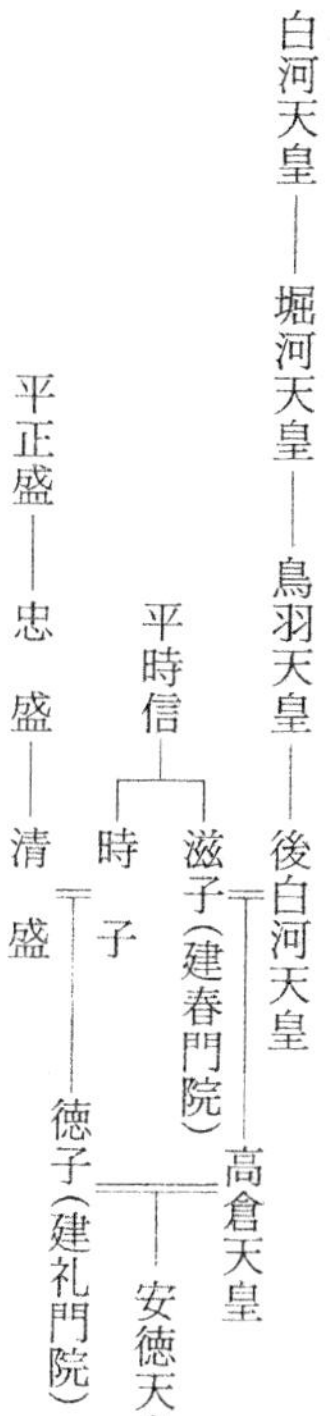

法住寺殿の碑

法住寺殿（右上）・蓮華王院（左下）
（京都市蔵，淡交社刊『よみがえる平安京』より，横山健蔵撮影）

肝いりで再建されるのは上皇崩御《ほうぎょ》の前年である。

既存の多くの建物を破棄したことで衆人の恨みを買ったという、この御所の造営も受領の成功によるものであり、それは「高閣あり、平台あり、緑地あり、碧山《へきざん》あり」といった傾斜地を利用して殿舎が設営された。法住寺北殿（当初は七条殿の名もある）・南殿と呼ばれる御所をはじめ、御堂としては、平清盛が上皇に造進した蓮華王院、女御平滋子《しげこ》（建春門院）の御願の最勝光院、それに加えて新熊野《いまくまの》・新日吉《いまひえ》社が創建されている。この社の登場は白河・鳥羽御所には見られなかったことで、熊野御幸が上皇としては最多の三四回を数えた後白河の信仰を反映していると思われる。

往時を偲ぶ唯一のものといえる蓮華王院は、三十三間堂の俗称の方で人口に膾炙《かいしゃ》している。六四間余の長大な建物に本尊の千手観音坐像を挟む形で千躰の千手観音立像を配するといった偉容は、これを嚆矢《こうし》としない。

その先蹤《せんしょう》は、三〇年ほどさかのぼる白河御所の得長寿院《とくちょうじゅいん》である。これは平忠盛が鳥羽上皇に献上したものであり、蓮華王院と同規模と考えられているから清盛は父に倣ったわけである。両者が併存する時期があったが、得長寿院の方は文治元年（一一八五）の地震で倒壊して以降、再建されないままに荒廃した。

法 住 寺

蓮華王院には不動堂、宝蔵、惣社、五重塔、北斗堂が順次できていき、義仲の襲撃による類焼を免れたものの、十三世紀中期の火事で焼失し、一七年後に再建されたのが今日の建物であるが、五重塔は再建されなかった。なお宝蔵は、すぐれた典籍や什宝《じゅうほう》類を納める文化の宝庫とも言えるもので、上皇の命で作成された『年中行事絵巻』もそこに架蔵されていたのである。

法住寺殿における後白河上皇・建春門院の華やかな暮らし向きを物語る記事は多いが、その一端を高倉天皇の行幸《ぎょうこう》に見ておこう。

**方違え行幸**

十四歳の天皇は晩春のある日、両親の住む法住寺殿へ方違《かたたが》えの行幸を試みた。その様子を建春門院付きの女房が日記に認《したた》めている。日記の名は『健寿御前日記』(『建春門院中納言日記』、『たまきはる』の名もある)、作者は藤原定家《さだいえ》の同母姉である。

山吹のにほひ、青きひとへ、えびぞめの唐衣、白腰の裳《も》着たる若き人の、ひたひのかかり、すがた、よそひなど、人よりはことに、はなはなと見えしを……。

行幸についてきた女房の中でひときわ華やかな女性が作者の目を惹《ひ》いた。まだ見たことがなかったので同僚に尋ねたところ、小督《こごう》と教えてくれた。時に作者と同年の十八歳。こ

朝覲行幸図（『年中行事絵巻』）

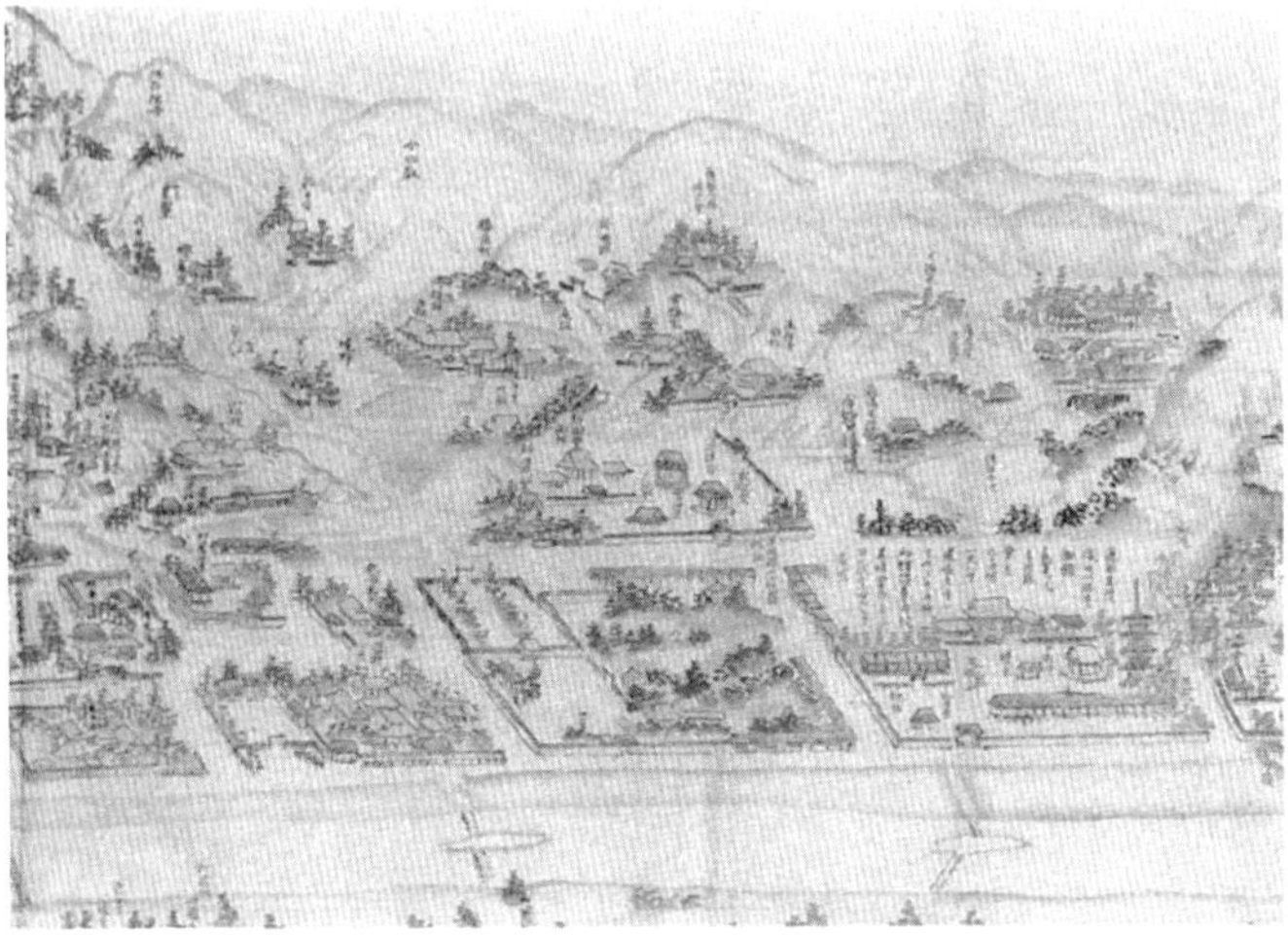

法住寺殿周辺古図

後白河上皇御木像（江里康慧作，法住寺蔵）

の時から二人は言葉を交わすようになったが、ある時点から小督が行方知れずとなり、二十数年後に洛西の嵯峨で偶然に行きあい感無量であった、と作者は吐露している。

小督は、二人の娘の夫（高倉天皇と藤原隆房）の心を奪ったとして平清盛の怒りにふれ、嵯峨に追いやられたというのが『平家物語』の話だが、それを裏付けるような話題である。

御所開始の年に生まれ、幼児期を過ごした高倉天皇にとって、法住寺殿は殊《こと》のほか思い出の詰まった場所であったのか、朝覲《ちょうきん》行幸も度々に及んだ。『年中行事絵巻』冒頭の朝覲行幸図は承安元年（一一七二）のそれと考えられるが、往来の様子や御所内の諸殿舎、諸階層の人々などを微細に描いている。この絵巻や「模型」によって、往時の姿を想像することは容易であり、長期にわたった発掘調査の成果も大きい。

## 後白河と今様

「法住寺の広御所にして今様の会あり」（『梁塵秘抄《りょうじんひしょう》』）とあるように、法住寺殿は後白河上皇の今様の舞台にもなった。父の鳥羽上皇をして「この皇子は今様ばかり歌っていて天皇の器ではない」と言わしめた（『愚管抄《ぐかんしょう》』）後白河天皇は、皇太子を経験せず、即位が二十九歳という院政期にあっては破格の高年齢、しかも皇子の二条天皇への中継ぎ、ということで引っ張りだされたのである。

「今様狂い」の異名をとった上皇は、十歳そこそこで乙前という遊女を師として習いはじめ、朝から晩まで簾中《れんちゆう》で今様に耽《ふけ》り、三度も声をつぶすほどの執着ぶりであったという。その今様会の参加者は、公卿からはじまって京の男女、江口・神崎《かんざき》の遊女、地方の傀儡《くぐつ》など身分の上下を問わず広い層に及んでいる。なかでも下層階級の人たちが、その担い手であったことが『梁塵秘抄《りようじんひしよう》』の歌から察せられる。

おそらくは七条大路末などの往来で今様を口ずさむ者がいると上皇は、人をして呼び入れ、広御所において御簾《みす》ごしに聞き取ったのではあるまいか。このような今様収集は平安京に限ったことではなく、熊野や厳島《いつくしま》への御幸《ごこう》などは格好の機会であったろうし、とりわけ後者における停泊地の播磨国の高砂や室津《むろのつ》は遊女の居留地として古来から有名であった。彼女たちの今様にうっとりする上皇の姿が彷彿としてくる。

後白河上皇撰の『梁塵秘抄』は、このような過程を経て生まれたのであろう。

## 平家の六波羅館

この法住寺殿の北にあったのが平家の六波羅《ろくはら》館である。この地と平家との関わりは平清盛の祖父、正盛に遡るものの、発展の基礎は『平家物語』が言うように父の忠盛の時であったようだ。そして清盛の時に一大発展し、最盛期には一門の家が百七十余宇、一族郎党の家が五千二百余宇というが、軍記物にありがちな誇張は免れない。

今様

後白河上皇没後800年祭の時の写真.

今様舞

いっぽう京内の左京八条にも平家一門の邸宅があった。東寺の北に所在の西八条第と呼ばれた六町に及ぶ清盛の邸を中心に周辺に数人の子息が家を構えていた。歌人西行《さいぎょう》の歌の詞書《ことばがき》に「忠盛の八条の泉にて」云々とあることから、その創始は父に遡りそうだ。このことで想起されるのが、吉川英治の長編『新・平家物語』の書き出しである。

「平太よ。また塩小路など、うろうろと、道草くうて、帰るではないぞ」

使の出がけに、清盛は、父の忠盛から、背へ喚かれた。——その声を、背負って歩いてゐる気もちの彼であった。

塩小路は西八条第の北の通りであるから、作者は忠盛の屋敷をここに想定しているのであって、卓見というべきか。ただ、父にはじまるとはいえ「玉をみがき金銀をちりばめて作られたりし西八条殿」(『平家物語』)の出現は清盛の時からであった。

この邸で展開された歴史のなかで特記されるのは、皇太子時代の安徳天皇(高倉天皇皇子)が行啓《ぎょうけい》された時のことであろう。清盛は、娘の徳子《とくこ》(建礼門院《けんれいもんいん》)が生んだ生後一年の孫が明障子(いわゆる今日の障子)に穴を開けるのを見て自らもし、この戯れが交互に続いた後、感涙を落とし、家来を呼んで「これはわが家の宝ゆえ倉底にしまっておくように」と命じた。時に、清盛が反平氏の行動著しい後白河上皇を鳥羽殿に幽閉した一ヵ月後のことであり、一歩外では不穏な空気が漂うなかでの一時の安寧であった。

西八条第は、高倉上皇や安徳天皇の御所となったこともあり、清盛の本邸の意味あいが強かった。『平家物語』では、妓王《ぎおう》と妓女、仏御前《ほとけごぜん》が住んだ清盛の屋敷をこの邸とする。孫との戯れから一年余後に清盛は他界、その翌年、安徳天皇を奉じての都落ちに際して平家は、この西八条第や六波羅館をはじめとする一門の家に火をかけた。ここに平家は、清盛が公卿の仲間入りをしてから二〇年余で京都の地盤を失ったことになる。

以上みてきたように、院政期における京外とりわけ鴨東への進展は著しかった。それは左京の殷賑《いんしん》の延長上にあり、これと反比例して右京の退転は覆うべくもなかった。院政前夜のこととして、右京には三百余町の田畠があり、そこから刈り取った草を牛馬の飼料にしたという記事が、そのことの証しである。

鴨東の発展に大きく寄与した院御所も、平安時代末期には新しい時代の洗礼を余儀なくされた。すなわち白河御所が保元《ほうげん》の乱の戦火で焼け、法住寺殿が義仲の襲撃によって焼失したことである。この際「保元の乱」を新時代の開幕と認識した慈円（『愚管抄』）のことが思いあわされる。

平安京も新時代にむかって大きく変動していたのである。

# 春の章

# 悲喜交々の梅と桜

そもそも平安京はスタートの時点、つまり遷都から三ヵ月も経ない正月の踏歌《あられぱしり》においても「平安楽土、万年春」と謳歌し、春に託して将来の発展を祈念している。

春といえば、『枕草子』冒頭の次の一文が想起される。

春はあけぼの。やうやう白くなりゆく山ぎは、すこし明りて、紫だちたる雲のほそくたなびきたる。

どんよりとした暗い空の多かった寒い冬が去り、のどかな春の訪れとともに木々が芽ぶき、思わず背伸びをしたくなるような陽気。そんなある朝の日の出の情景を清少納言はこのように描写したのである。

いうまでもなく京都の日の出は東山からであり、三月下旬頃の太陽は比叡《ひえい》山頂と、その南の如意《によい》ヶ岳《がたけ》の中間辺りから顔を出すが、その直前になると刻一刻と変わる、その様子を彼女は見事に観察している。清少納言が鋭い観察眼の持ち主と言われるゆえんだ。

**梅と桜**

春といえば誰もが桜を連想する、それほどに桜は春を代表する花となっている。いっぽう奈良時代に中国からもたらされた梅も春の花ではあるが、「寒梅」の語があるように、冬の終わりと春の到来を告げる早春の花である。このことが時代に反映してはいまいか。

『万葉集』では梅を詠んだ歌が桜を圧倒していたのに対して『古今和歌集』では逆転しており、これ以降の勅撰和歌集ではその傾向が著しい。この現象をもって梅から桜への時代的推移を看取できるのではなかろうか。そして『古今和歌集』が、わが国で創造された仮名を用いた最初の勅撰集という点に思いをいたす時、漢字全盛期から仮名の登場期に及んで、梅は桜にその座を明け渡したと見ることもできよう。このことと中国産の梅と国産の桜に因果関係を求めるのは短絡すぎるであろうか。

また、平安遷都以来、紫宸殿《ししんでん》の南庭に「右近《うこん》の橘《たちばな》」とともに植えられていた「左近《さこん》の梅」が桜に取って代わるのは九世紀中頃といわれ、天徳四年（九六〇）の内裏《だいり》初焼亡で焼

京都御所

右手が左近の桜.

け落ちた際には重明親王家《しげあきらしんのう》の桜を移植している（『古事談』）。このことは象徴的であり、やがて、単に花といえば桜を意味するようになった。

時代を先取りした梅と後発の桜、奈良時代の梅と平安時代の桜。とはいえ十世紀以降でも梅を愛《め》でる歌や文はいくらもあるから、傾向として把握できる、という程度のことではある。梅と桜をめぐっては、藤原頼通と藤原公任《きんとう》との間でその優劣を議論したことがある。頼通が「春の花は桜が一番」と言ったのに対して、公任は「梅があるからには桜がどうして第一でしょうか」と異を唱えたという。

清少納言は『枕草子』のなかで、木の花は「濃きも薄きも紅梅。桜は、花びら大きに、葉の色濃きが、枝細くて咲きたる」のがよいと言っている。

ところで「香梅」「観桜」（「桜狩」）の語から連想されるように、梅の場合は匂《にお》いも観賞の対象になったが、桜はもっぱら花の美を愛でることに終始した。そのことを表わす歌を示しておこう。歌聖といわれた藤原俊成（「桜」）・定家（「梅」）父子の作である（『新古今和歌集』に所収）。

またや見ん交野のみ野の桜狩　花の雪散る春のあけぼの
大空は梅の匂ひにかすみつつ　曇りも果てぬ春の夜の月

桜狩りといえば、河内国《かわちのくに》の交野《かたの》がその名所で『伊勢物語』の描写は有名だ（八十二段）。文徳天皇の第一皇子でありながら即位が叶《かな》わなかった悲劇の惟喬《これたか》親王と在原業平《ありわらのなりひら》。彼らを中心に集まった貴紳たちは交野の渚《なぎさ》の院で桜の枝を折って髪にさして飾りとし、皆で歌を詠み合った。この時の在原業平の歌が、

世の中に絶えて桜のなかりせば　春の心はのどけからまし

である。作者の桜への思いの丈が伝わってくるような歌だ。

なお時代は降るが、『太平記』に「交野の春の桜狩り」とあるから、十四世紀後半においても交野の桜は鳴り響いていたことが知られる。

## 道真と梅

歴史上の事件に関わっての梅といえば、菅原道真《すがわらみちざね》が配所の大宰府に赴くにあたって詠んだ次の一首が思い起こされる。

東風《こち》吹かば匂ひおこせよ梅の花　主なしとて春を忘るな

ここでの梅は、どちらかといえば暗いイメージに満ちている。寒門《かんもん》（身分の低い家柄）の出身ながら宇多天皇の引きで思わぬ右大臣にまで昇進した菅原道真であったが、そのことが命取りになった。道真が大宰府に向けて自邸をあとにしたのは延喜元年（九〇一）二月一日のことである。

京における道真の邸宅としては、左京北域の菅原院と南域の紅梅殿《こうばいどの》が知られ、前者は父是善《これよし》の屋敷であり、道真は幼少期から青年期をここで過ごしたが、その一端は『北野天神縁起絵巻』から知られる。父の死後は道真が管理したらしい。この跡には道真・是善を祀る菅原院天満宮が建つ。

いっぽうの紅梅殿は道真が営んだ邸宅である。道真は「梅花」と題した詩のなかで、この邸に新たに梅を植えたことを吐露している（『菅家後集《かんけこうしゅう》』四九五）。配流を前に道真がこの邸において、芳香を放つ紅梅を見やりながら詠んだのが「東風吹かば」の歌であった。『北野天神縁起絵巻』には、泉水をめぐらした前栽で紅梅が今を盛りと咲き、簀子《すのこ》に花がこぼれ落ち、開け放った妻戸《つまど》を通して畳に坐して悲嘆にくれる道真、簀子や庭の人々も悲しみに沈む、こういった光景を余すところなく描いている。

京官に就いていた子息らは地方官に追いやられ、年少の子女は道真とともに西下、家に残ったのは妻と年長の女子だけであった。その後、大宰府の道真にもたらされた便りによると、庭木を売ったり、他人を住まわせたりするほどに生活は苦しくなり、留守宅の荒廃はままならなかったようだ。

その紅梅殿の跡は、京都市下京区新町通りの西で仏光寺《ぶっこうじ》通りに面した民家の角に立つ小

菅原邸跡

さな石標と路地の奥の小さな祠《ほこら》を除き、連なる民家の中に埋もれている。この南には菅大臣神社があるが、ここはもと天神御所とか白梅殿と呼ばれた菅家累代の邸があったところと考えられている。道真と関わる住居の跡が、すべて神社となっているのも興味深い。

なお、『枕草子』の「家は」の段に紅梅殿の名が見え、道真の死から一世紀近く経っても名邸として鳴り響いていたようだし、また、染殿《そめどの》の名も挙がっているが、この方は紅梅殿より数十年さかのぼる。

**観桜の節会**

平安京において桜花を愛でる催しが、早い時期に行われたのは神泉苑である。大内裏のすぐ南にある神泉苑は「禁苑之其一也」という源 順《みなもとのしたごう》の指摘（「冬日於神泉苑同賦葉下風枝疎」）を俟《ま》つまでもなく、天皇をはじめ皇族や貴族たちの遊宴の場として設営された。桓武天皇の三〇回近い行幸に始まり、平城・嵯峨・淳和天皇ら歴代が行幸しているが、最多は漢詩をよくし、風雅を愛した嵯峨天皇である。その嵯峨天皇代の弘仁三年（八一二）二月十二日の『日本後紀』には「神泉苑に幸す、花樹を覧《み》る、

神泉苑

文人に命じて詩を賦す、綿を賜うに差《しな》あり、花宴の節此に始まる」とあって、平安京における観桜の節会の先蹤となった。

しかし、彼らの遊宴の場が京外（たとえば嵯峨野など）へ移ると、神泉苑は祈雨や御霊《ごりよう》会《え》といった宗教色を帯びた場へと変化していくことになる。それは九世紀中頃からである。

## 染殿の桜

平安京内で桜の名所として早くに知られた邸宅が、左京域の東北隅に所在の摂政藤原良房《よしふさ》の染殿《そめどの》である。その跡地は今日の京都御苑内の東北部に求められる。

良房の藤原氏における位置づけは、人臣としての太政大臣（五十四歳）および摂政（五十五歳）の道を開いた人ということに尽きる。

良房は、甥の文徳《もんとく》天皇に入れていた娘の女御、明子《めいし》所生の惟仁親王（第四皇子）を生後八ヵ月で皇太子に押しこみ、文徳天皇が三十二歳で崩御すると天皇に据え、自らは外祖父として九歳の清和天皇の政治を後見したのである。つまり、良房が摂政となった契機は外孫の即位にあり、この後の摂政・関白の有様《ありよう》を方向づけることにもなった。そして、この良房ならびに養子の基経《もとつね》（史上初の関白）の出現によって、藤原北家は不動の地位を築いたのである。

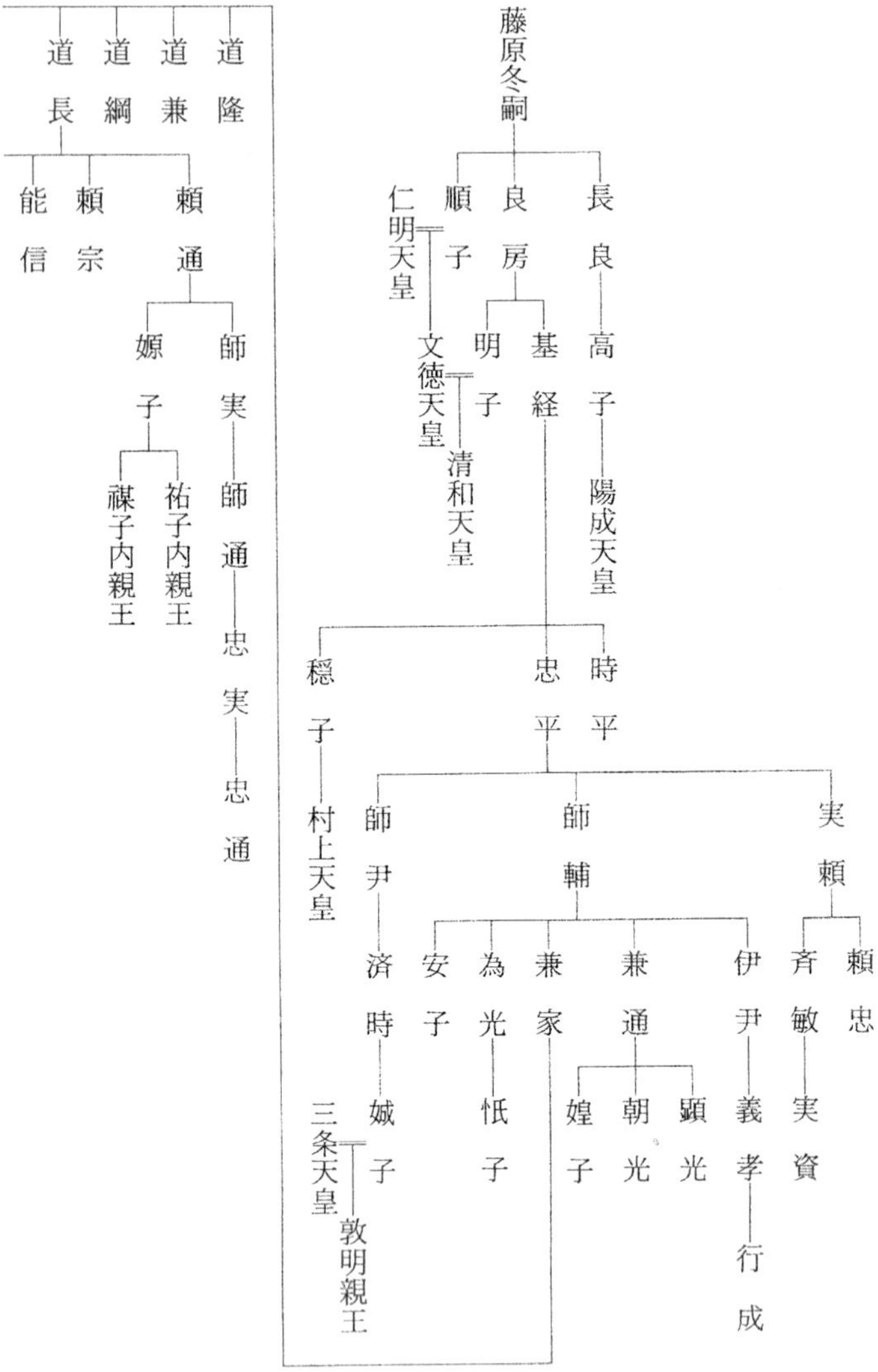
藤原冬嗣
長良
良房
順子
仁明天皇
高子
陽成天皇
基経
明子
文徳天皇
清和天皇
時平
忠平
穏子
村上天皇
実頼
頼忠
斉敏
実資
師輔
伊尹
義孝
行成
顕光
朝光
兼通
媓子
兼家
為光
忯子
安子
師尹
済時
娍子
三条天皇
敦明親王
道隆
道兼
道綱
道長
頼通
頼宗
能信
師実
師通
忠実
忠通
源子
祐子内親王
禖子内親王

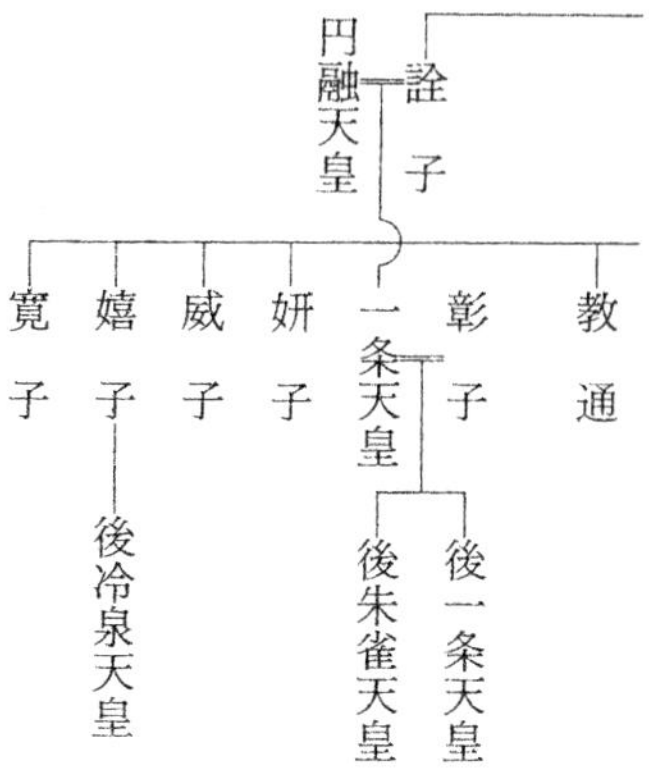


即位して七年目の清和天皇は、貞観六年（八六四）の晩春、観桜を目的に良房の染殿（第）に行幸し、終日を過ごした。ここで、その時の雰囲気に少しでも迫るために原文（読み下し）を引用しておく（『三代実録』貞観六年二月二十五日条）。

車駕《しゃが》、太政大臣の東京の染殿第に幸して桜花を見る。累路に一条第に駐蹕《ちゅうひつ》す。即ち是れ帝の降誕の処なり。太政大臣、肴醑《こうしょ》を以て扈従《こじゅう》の群臣文武官に賜い、禄物を庭中に積み、帝に覧せ奉り、訖《おわ》りて班《わか》ち賜うこと差《しな》あり。遂に染殿の花亭に幸し、親王已下、侍従《じじゅう》已上並び侍る。太政大臣、別に伶人をして楽一部を教習せしめ、能く文を属《つく》る者五位已上十人、諸司六位十人、文章生《もんじょうせい》廿人を喚《よ》び、楽を命じて詩を賦し、具《とも》に酔いて歓楽す。花亭より移りて射場に御し、帝、弓矢を御して、一発にして鵠《まと》に中《あ》て、群臣、万歳を称《とな》う。親王已下、次を以て遞《たがい》に射る。山城国司守正四位下紀朝臣《きのあそん》今守《いまもり》等、郡司・百姓を東垣外に率い、耕田の礼を行う。帝に覧せ奉りて、農民の事あるを知らしめ奉らんとするなり。晨《あした》より暮に至り、楽を極めて罷め、親王・公卿・文武の百僚に禄を賜うこと各差あり。夜分に宮に還る。

この記事で注目される第一点は、天皇が染殿への行幸の途次、誕生した一条第に立ち寄っていることで、そこで良房は酒肴と禄を行幸の扈従者に班給している。この邸も良房に関わるものと思うが明らかでない。第二点は、農民の姿を知ってもらうために田植えの様子を再現して天皇にお目にかけていることである。

二年後の貞観八年にも観桜を目的に行幸しており、清和天皇は、釣殿での魚釣りや射殿での弓射に興じた後、東門のところで「農夫田婦」の耕田の様子を観覧している。染殿の東には京の内外を分かつ東京極大路が南北に走っていたが、東門から田植えの光景が望めたということは、京外とを仕切る塀のような境界がなかったことを物語っている。

この時も晩春のことで、「落花無数雪」という題の漢詩を有識者に賦させ、奏楽に合わせて童男妓女が花の間を互いに舞い、終日の楽飲に天皇は殊《こと》のほかご満悦であったという。この同じ日に京の貧窮者を鴨川辺に集めて新銭五万文、飯二五〇〇裹《か》を頒給するといった賑給《しんごう》が施されている。

染　殿　跡

## 応天門の変

長閑《のどか》な花見の一〇日後に大事件が発覚した。平安宮の中心的建物である朝堂院（八省院）の正門の応天門が紅蓮《ぐれん》の炎に包まれ、一瞬にして左右の楼閣ともども焼失してしまった。この放火犯をめぐっては複雑な経緯もあるが、結果としては、大納言伴善男《とものよしお》の左遷で事件は収束した。真相は闇のなかであるが、藤原氏による陰謀事件の匂いが強く、黒幕が良房ということは拭いきれない。良房は事件が解決しない時点で摂政に任じられており、いっぽうで古来の名門貴族である大伴《おおとも》（伴）氏が失脚した事実が、その証といえよう。

文徳天皇の母の藤原順子（仁明天皇女御）は、貞観三年（八六一）二月十八日に同母兄の良房の染殿に御幸し、「終日歓飲」とあるものの観桜のことを記していないが（『三代実録』）、時期的にみて桜には少し早かったのであろう。この二年後、明子は父の六十の賀を三日間に及んで盛大に挙行し、公卿はじめ多くの人たちが陪席した。この明子は染殿后と呼ばれ、鬱病に悩まされた数年間は里邸の染殿に引きこもる生活をし、譲位後の清和天皇はここを御所とした。

ところで染殿の正史における初見は、『文徳実録』の仁寿元年（八五一）三月十日条で、そこには「東都第」とある。この日、右大臣であった良房は、前年に四十一歳で崩御した仁明天皇を偲んで追悼の法会を営んだ。生前に仁明天皇は、染殿の桜が殊のほか美しいことを人づてに耳にして「明年の春には……」と思っていたが、それを叶えぬまま三月下旬に俄《にわ》かに亡くなってしまった。その翌春、満開の桜を見ながら良房はそのことを悔やみ、公卿以下の参会者で涕泣《ていきゅう》しない者はなかったという。

関白基経の妹の高子《こうし》（ともに良房の兄長良の子で、彼女も良房の養女となった可能性が高い）が清和天皇の皇子、貞明親王（陽成天皇）を生んだのも、この親王が九歳の時、父から譲位されたのも染殿においてであった。

観桜を目的とした記述の初見は文徳天皇の仁寿三年（八五三）二月三十日のことであり（『文徳実録』）、以降、清和・陽成天皇らの行幸をしばしばうけ、発展した染殿のその後は基経の子の摂関忠平《ただひら》、その子の右大臣師輔《もろすけ》、その娘で村上天皇の皇后安子《あんし》へと伝えられ、安子所生の為平《ためひら》親王は、ここを御所としたことで染殿式部卿宮《しきぶのきょうのみや》と呼ばれた。

染殿は当初、東西二町に及ぶ規模であったが、明子の時に東の南半町は清和《せいわ》上皇の後院として提供され（清和院）、為平親王が西の一町を異母弟で女婿の具平《ともひら》親王に譲渡し、その結果、半町規模を占めるのみとなった。いっぽう具平親王に伝えられた邸宅は、村上源氏の土御門第として中世に及ぶ長い歴史を刻むことになる。

# 摂関家の別業

## 鴨東の白河殿

京外とはいえ平安京と程近い地に、摂関家の別業《べつぎょう》として有名な白河殿があった。草創あたりのことは正史に見えないので判然としないが、九世紀中頃に藤原良房《よしふさ》が営んだ別業と考えられる。彼には「染殿の大臣《おとど》」「白河の大臣」(『大鏡』)、「白河の太政大臣」(『今昔物語集』)、「白河殿又染殿」(『公卿補任』貞観十四年尻付)の呼称があることが、それを暗示していよう。

また、史料的にはこれらを超えるものではないけれど、先に述べたように藤原師実《もろざね》から先祖伝来の別荘地(白河殿)を献上されて白河上皇が創建したのが法勝寺《ほっしょうじ》であるが、その供養時の記事に「貞観相国(良房)旧占家」とあるのも参考になろう。そして、貞観十四年（八七二）に六十九歳の生涯を東一条第で終えた良房の遺骸は、愛宕郡白河辺に葬られている。

白河殿は、良房のあと基経《もとつね》、そして忠平と摂関家に受け継がれていった。忠平は、日記『貞信公記《ていしんこうき》』に「白河家」に行き、陸奥守《むつのかみ》として下向する平惟扶《これすけ》に餞別を与え、「聊《いささか》管絃の興有り」とある（天慶二年八月十七日条）。その四年前の承平五年（九三五）春のこと、国守の任を終えて土佐国から帰京したばかりの紀貫之《きのつらゆき》は、白河殿に赴く忠平のお供をした時に作歌の命を受けて、「百草の花の影まで映しつつ音もかはらぬ白川の水」と詠じた（『貫之集』第六）。いずれも忠平が白河殿を管理していたことの証である。

なお、藤原清輔《きよすけ》（一一〇四～一一七七）著の『袋草紙《ふくろのそうし》』（巻二）では「能宣集《よしのぶしゅう》」を引いて、白河殿は忠平から公忠親王へ、そして忠平の子の師輔（右大臣）に継承されたことを伝えており、そのことは西本願寺本「能宣集」に詞書《ことばがき》として見えている。この公忠親王という人物は文献や系図で確認できないが、ことによると三十六歌仙の一人で、天暦二年（九四八）に六十歳で没した光孝天皇の孫の源公忠かも知れない。彼は朝廷における能吏であって忠平と近かったことが『貞信公記』から窺い知れるから、その可能性はある。

同じく『袋草紙』（巻一）に「長元六年白河院子日記云宇治殿義忠記之」という語り出しの一文

が引かれている。この日記の実態や当日の和歌の召人《めしうど》をつとめた筆者の義忠なる人物の該当者は見あたらないが、長元六年（一〇三三）に関白藤原頼通は、薄暗いうちに白河殿に渡って子日《ねのひ》の興宴を催している。上達部《かんだちべ》・殿上人《てんじょうびと》・召人らの座がそれぞれ設けられ、まず庭に出て蹴鞠《けまり》を見た後、「子日」の題で和歌を詠み合い、ついで管絃と宴に移った。頼通より「緑色御衣」を賜ったというから、義忠は六位か七位の者であろう。この時期、頼通は白河殿の伝領者であった。

ところで、白河殿の情景を述べたものに源順《したごう》（九一一～九八三）の漢詩がある（『本朝文粋』巻十・巻十一）。学者にして歌人の彼は、梨壺《なしつぼ》の五人（『後撰和歌集』の撰者）の一人に数えられるほどの才人であった。天禄三年（九七二）の春（閏《うるう》二月）と、もう一篇はおそらく同年の秋と思われる作品で、いずれも「遊白河院」とある。前者は「花影泛春池」、後者は「秋花逐露開」という季節に叶《かな》った詩題である。難解な詩であるが、春の方の読み下しを試みておこう。

夫《そ》れ年に必ずしも閏あらず、閏必ずしも春にあらず。今年二月に閏あり。豈《あに》花鳥、時を得たるの春に非ざる哉《や》。然《しか》も猶《なお》、都人士女の花を論ずる者、多く白河院を以て第一と為す。何を以てか諸《もろもろ》を覈《あきら》かにす。花の色に濃淡あり、葩《はなびら》の数に疎密あり。其の色濃き者は晩の霞映じて弥《いよいよ》艶《えん》なり。其の葩密《しげ》き者は春の風吹きて猶残る。論者の称するところ自ら公卿の聴に及ぶ。是を以て大長秋（中宮大夫藤原朝成）・左監門（左衛門督源延光）・戸部尚書《こぶしょうしょ》（民部卿藤原文範）の三納言、右武衛《ぶえい》（右兵衛督源重光）・執金吾《しっきんご》（右衛門督藤原斉敏）・左大尚書（左大弁源保光）の三相公、及び当時の賢大夫の心、和漢に通じ、手ずから絃管に巧みといえり。或は仙闈《せんい》より、或は第宅より冠蓋相望みて、皆以て追い尋ぬ。其の主を誰と為すか。左武衛藤相公《とうしょうこう》（左兵衛督藤原済時）、善く箏《そう》を弾じ、能《よ》く筆を翫《もてあそ》ぶ。誠に花月の主なり。時に花香、春洞に満ち、花影、春の池に泛ぶ。偏に白河の名を奪いて、応《まさ》に緑塘《りょくとう》の浪に加うべし。（中国古代の人と故事を引く後半部は省略）

十世紀後半の白河殿が京で第一の桜の名所という認識と苑池の様子が知られ、この時点での主が藤原済時《なりとき》であったことを暗示している。

さらには、秋の詩のなかに「白河院は故左相府の山庄なり。皇閣を掩《おお》いしより緑蕪《りょくぶ》を掃わず。烟《けぶり》柳眉《りゅうび》を斂《おさ》めて二年の春空しく暮れ、水石咽《むせ》ぶが如く三廻の秋闌《たけなわ》ならんとす。左武衛藤相公、尊閣の遺徳を恋い、勝地の旧遊を慕いて、遂に簷事《えんじ》納言（中納言春宮大夫源延光）・尚書相公（参議左大弁源保光）と簾幌《れんこう》を巻き、筆硯《ひっけん》を並べ、聊か暇日にして遊覧

白川の桜（疎水の辺り）
白川殿の面影やいづこに….

す。……三代伝えて其の主皆貴し。四時移りて其の地、常に幽なり」と、示唆に富む事柄がみえる。

冒頭の故左大臣に該当するのは三年前に五十歳で薨《こう》じた藤原師尹《もろただ》であり、彼は死の年に「白川家」で七夕の宴を催したことが他の史料からわかる。その子が左武衛藤相公、つまり参議左兵衛督藤原済時であるから後文ともよく符合する。済時が一時期、白河殿の主であったことは春の詩からも知られる。記録にその証左を求めれば、『小右記《しょうゆうき》』寛和元年（九八五）五月二十八日条がある。この日、権大納言右大将の済時の「白河院」に左大将の藤原朝光以下の公卿・殿上人が招かれ、終日、酒食を楽しんだ。桜はとうに終わっていたが、初夏の風も爽やかななかでの宴であったかと思う。

以上のことを整理すると、白河殿は藤原良房から子の基経、その子の忠平と伝えられた後、源公忠の手を経て（この部分は判然としない）忠平の子の師輔、その弟の師尹から子の済時へと伝領されていったことになる。秋の詩にある「三代」云々は、師輔以降を指称しているのであろうか。

## 藤原道長の伝領

済時より後の経緯は不詳であるが、十一世紀初頭には道長の管理下にあったことは、寛弘元年（一〇〇四）の春に花山法皇が道長に所望して白河殿で花見を楽しんだ事実をもって明らかである。

そして寛仁二年（一〇一八）春のこと、道長は公卿らを従えて白河から雲林院《うりんいん》辺にかけて桜花を求めて遊覧した。道長は、その様子を『御堂関白記』（三月二十九日条）に記載しており、この部分は自筆本が遺《のこ》っているので彼の心情に迫ることもできよう。内容は以下のとおり。

摂政（頼通）来たれる間、中宮大夫（道綱）・源大納言（俊賢）・左大将（教通）・新中納言（能信）等来たり会う。庭前の桜花を翫《もてあそ》ぶ。花を見るべきの由を相示す。出でんとするに按察《あぜち》大納言（斉信）来たり会う。殿上人十許《ばか》り来たる。花の下に於て鞠《まり》を上ぐる後、大白河・小白河等に行く。なお興尽きず。此より乗馬し雲林院に行く。返り来たりて、能き花二枝を以て太皇太后（彰子）・尚侍《しょうし》（威子）の方に、朝任を以て之を送り奉る。

まず、子息の摂政や左大将以下の卿相たちは道長邸にやって来て桜花を賞し、桜の下で蹴鞠《けまり》を楽しんだが、その屋敷はどこかということが問題である。道長が平安京内に所有した数ヵ所の邸宅のなかで最も重きをなしたのは土御門殿であるが、後に述べるようにこの時点では再建中であった。したがって、ここにいう邸宅は、前年の十月十日にはじめて渡って新宅の儀を行い、十二月四日には大饗《だいきょう》を行った二条第（小二条殿、二条大路北で東洞院大路西に所在）と見なされる。

## 「大白河」と「小白河」

観桜と蹴鞠に興じた後、道長は公卿らを引きつれての遊覧と洒落《しゃれ》こんだ。その行き先の白河を「大」「小」と言い分けているが、これをどう解釈するのか。

「小白河《こしらかわ》」で想起されるのは、『枕草子』の「小白河といふ所は、小一条の大将殿の御家ぞかし」の一文である。「小一条の大将殿」とは藤原済時のことであるから、彼の手にある時の白河殿は「小白河」とも呼ばれたことになるが、問題もある。

長和二年（一〇一三）二月の初頭に藤原実資は、訪ねてきた兄の藤原高遠《たかとお》（前大宰大弐）と同車して白河方面に遊んだ。この遊興は、「温かな日和に加えて暇をもて余していたので遊蕩心が動いた」結果の行動であった（『小右記』）。まず、向かったのが「白河殿」であるが、この方には養子で後継者の資平《すけひら》とその弟の資高《すけたか》も同道した。次に「小白河」を訪ねているが、「太皇太后宮大夫山庄」とあるように藤原公任の所有であった。一方の白河殿には注記はないが、道長のそれと考え得るし、「大白河」とある場合には、この方を指称することが多かったと見てよい。

この日、実資兄弟は日が西に傾きかけた頃に「帰洛」の途につき、実資は兄高遠の家を回って帰宅している。桜の記載がないが、時期的に早かったようだ。この三ヵ月後に高遠は六十五歳で他界している。

この数年後のことであるが、公任の「小白河」には道長子息の教通《のりみち》が居住していた。前年に自宅が焼亡したため教通は、岳父と同居ということになったわけである。

また、『拾遺和歌集《しゅういわかしゅう》』には「北白河の山庄に、花のおもしろく咲きて侍りけるを見に、人々まうできたりければ」という詞書つきで家主・公任の、

春来てぞ人も訪ひける山里は　花こそ宿の主じなりけれ

の一首が収められており、同じく勅撰集の『新古今和歌集』には和泉式部《いずみしきぶ》の歌が採られている。

敦道の親王《みこ》のともに、前大納言公任の白川の家にまかりて、またの日、親王の遣はしける使につけて申し侍りける

折る人のそれなるからにあぢきなく　見しわが宿の花の香ぞする

言わずと知れた愛人の親王と連れだって花見に訪れた翌日、和泉式部は「桜の枝を折る人が他ならぬあなたゆえ、つまらないものと見ていた我が家も、桜の香りが漂っていることです」と公任のもとへ申し送ったのである。

ついでながら藤原氏宗《うじむね》の「東山白河第」という邸宅もあった（『三代実録』）。右大臣にまで昇進した彼は、藤原北家の出身ではあるが、同世代で死去が同年（貞観十四年）の良房とは別系であるから邸も異なるものであろう。平安京からは至近でありながら郊外の風景も豊かという地の利もあって「白河」には別業を営む輩が多かったようで、その名を冠

した邸宅は他にもあった。

寛仁三年（一〇一九）八月十八日の夜に白河殿は焼亡した。その六日前のこと、小一条院（敦明親王）は、白河殿において諸卿らと管絃の遊びを行ったが、母の故三条天皇皇后の藤原娍子《せいし》が日頃から重病に悩んでいるのに逍遥管絃とは「奇恠《きかい》無極」「非尋常之事」と、藤原実資は手厳しい（『小右記』）。皇后は済時の娘であり、妻の寛子は道長の娘であったから、小一条院と白河殿の結びつきは深い。

万寿四年（一〇二七）初夏にも小一条院は白河殿に逍遥したが、その間に落雷に遭い「上下色を失」ったという（『小右記』）。再建の年次は不明ながら、火事の五年後には作文《さくぶん》会《え》が催されているから数年で新造されたものであろう。

## 藤原頼通と白河殿

摂関のより長い持続を願って万全の策を講じ、跡を嫡男の頼通に託して道長が薨去したのは万寿四年の冬のことである。こうして頼通は父から多くの財産を受け継いだが、白河殿もその一つであった。

父の死から三ヵ月して関白頼通は、伝領後はじめて「白河院」に渡っているが（『左経記』長元元年三月二十日条）、時期から見て観桜を兼ねてのものであったと思う。翌年の春に頼通は、弟の内大臣教通や諸卿らを引きつれて騎馬で東山に花見に出かけた。六波羅蜜《ろくはらみつ》寺《じ》から東山を経て白河院に至り、小野文義の山庄で食事をしたあと観音院に回り、雲林院では蹴鞠を楽しみ、暗くなって帰宅している（『小右記』）。花見のほかに競馬《くらべうま》を催すこともあった。

そもそも白河殿は別業という性格から日帰りのケースが多いが、数日の滞在ということもあった。ただ、その場合に「執柄人、無指事経廻城外、不甘事歟」と、いかにも実資らしい関白（執柄人）頼通への非難も聞かれた（『小右記』長元二年八月二十二日条）。

一〇年後のことではあるが、蔵人頭《くろうどのとう》の藤原資房《すけふさ》が後朱雀天皇の仰せ事や右大臣実資（資房の祖父）の復命を伝えるために関白邸に赴いたら、白河殿に滞在とのことでその方に回るということがあった（『春記《しゅんき》』長暦二年）。また、真冬の昼下がりに右大臣の意見などを持って関白を白河殿に訪ねた資房は「大寒堪え難き事なり」とこぼし、関白たるもの京内の自邸にいるべき、と言わんばかりだ。これらの報告を孫から受けた実資は、わが意を得たりと思ったことであろう。

時には後一条天皇の行幸にあわせて、母の上東門院（彰子）、関白、内大臣の姉弟が観桜を目的に顔を揃えることもあった。これは長元五年三月二日のことであるが、長元年間（一〇二八〜一〇三七）には観桜会をはじめ詩会・子日遊・蹴鞠などで白河殿の活用が顕著

六波羅蜜寺

である。

関白頼通の代になっての白河殿の火事は、長久元年（一〇四〇）六月七日の早暁のことであり、失火によるというそれでは、大炊屋《おおいや》と二宇の倉（中には穀と糒《ほしいい》を納置）を焼失しただけで他の建物は無事だった（『春記』）。別業といえども種々の施設を備えた豪勢な構えであったことが察せられる。それゆえに、五十八歳を迎えた上東門院が遷り住むことにもなったのであろう。それは寛徳二年（一〇四五）閏《うるう》五月のことであり、『栄花物語』に詳しい。

そもそも女院が白河殿に遷った動機は、世の中を嘆き悲しんだすえ、憂いごとの聞こえてこない所だからという。その反面、「山里ではあるが、多くの人が仕えているので寂しくない」ともあり、複雑な心のうちをのぞかせている。

なお『栄花物語』に「白河殿には天狗が現れて気味の悪い所」といった描写があるが、そのことで想起されるのは『今昔物語集』に収める「我は東山の大白河に罷通《まかりかよ》ふ天狗なり」の一文である。葬送の地の色彩が強い鴨東ゆえのしからしむるところか。

ところで、白河殿の殿舎や庭園の状況が最もよくわかるのは、平定家《さだいえ》の日記『定家朝臣記』の康平三年（一〇六〇）の二件の記事であろう。それは、三月二十五日の後冷泉天皇による祖母の上東門院への朝覲行幸《ちょうきんぎょうこう》と、十一月二十六日の頼通主催の大僧正明尊《みょうそん》の九十の賀であり、とりわけ前者の記述が光っている。

天皇を迎えるために女院は二日前に白河殿に渡御している。天皇の御休息所には西南渡《わた》殿《どの》が充てられ、その西廊には公卿、西北渡殿には殿上人、その東に蔵人所《くろうどどころ》の座をそれぞれ設けた。また北対の西妻を御厨子《みずし》所、この西の幄舎《あくしゃ》を上官侍従の座とし、池の北に幔《ばん》を引いて楽屋を設営した。

## 後冷泉天皇の行幸

里内裏《さとだいり》の三条堀河殿（頼通第）から三条大路を東行して正午前に白河殿に到着した天皇は、まず釣殿に渡御して船楽と童舞《わらわまい》（「舞う袖頻《しき》りに飜り、宛《あたか》も廻雪の如し」）を観覧し、次いで東面の麦畑に出御して田苗をご覧になった。その後、詩賦を行ったのである。

大学頭《だいがくのかみ》藤原実綱《さねつな》が天皇の召しにより参入、「落花水上浮〈春を韻とす〉」という詩題を献じ、序の製作を命じられた。その間に紙と筆が公卿や文人らに配られ、天皇には御膳が進上され、それは紫檀《したん》地の懸盤《かけばん》六前から成るもので恒例という。やがて文台が庭中に用意され、文人らは各々詩を献じ、それらを講師の右少弁《うしょうべん》藤原実仲《さねなか》が読み、天皇の御製は実綱が朗読した。一連の催しが済んだ時には夜もかなり更けていた。

この日、家主の関白頼通から天皇へ、箱に納め青の薄様に裹《つつ》まれた笛と袋に入れられた倭琴《わごん》一張が贈られた。また、公卿・諸衛佐《しょえのすけ》・侍従には女院から、諸衛尉《じょう》・女官には関白から、それぞれ禄が与えられた。

この時の実綱作の詩序が『本朝続文粋』巻九に所収されているので、関わりのあるところを見ておこう。

冒頭に「夫《そ》れ白河院は、もと是れ大相国昭宣公《しょうせんこう》の幽居にして、今則ち博陸侯《はくりくこう》・右丞相《うじょうしょう》の別業なり」とあって、基経の閑居にはじまり、今日の頼通・教通の別荘という語り出しになっているが、一代前の良房の名が出てこないのは意味あってのことか、それとも作者の失念か。

上東門院が白河殿に天皇を招くいきさつについて「暫《しばら》く鳳儀《ほうぎ》を移し、方《まさ》に水閣に臨む。是を以て我が后、彼の紫微《しび》の禁掖《きんえき》を出で、拝覲《はいきん》の沖襟《ちゅうきん》を催すと雖《いえど》も、此の白河の勝形に感じ、忽《たちま》ち風月の宴席を命《おお》す」と述べている。桜花が池に落ちて水面を飾り、風流極まれりといったところ。「誠に是れ天下の勝境、象外の名区なり」で結んでいる。頼通の死は、この一四年後のことである。

## 桜の名所

そもそも白河の地は桜の名所として早くから知られたところであり、『後拾遺和歌集』には次の一首を収めている。

高倉の一宮の女房、花見に白河にまかれけるによみ侍りける　伊賀少将

なにごとを春のかたみに思はまし　今日白河の花見ざりせば

「高倉の一宮」とは、「斎院に殿の二の宮（禖子《ばいし》）ゐさせ給ひぬ。大方には四の宮におはします。されど三の宮（祐子《ゆうし》）をも高倉殿の一の宮とのみ人は聞こえさす」（『栄花物語』巻第三十六）とあるから、祐子内親王のことである。そして年子の祐子・禖子内親王は、藤原頼通の養女（実父は一条天皇の第一皇子で中宮定子を母とする敦康親王）で後朱雀《ごすざく》天皇中宮の嫄子《げんし》を母としている。

中宮定子《ていし》の兄伊周《これちか》の子の藤原顕長を父に持つ作者（一説に生母は頼通家の女房という）は、はじめに仕えた中宮嫄子（『今鏡』）が禖子を出産して二十四歳で崩御すると、祐子内親王に仕えた。なお、母を失った二人の内親王は祖父頼通の高倉殿で成育した。祐子内親王の「高倉の一宮」は、これに因《ちな》む。

関白家と関わりが深い作者が、白河殿を訪ねることは再三に及んだであろう。右の歌は、そんなある春の日の感慨であろう。白河で桜花を鑑賞しなかったら、何をもってその年の春の思い出とすることができようか、と言われるほどに白河の桜は見事であった。

父の頼通から伝領した白河殿を師実が白河天皇に献上し、ここに法勝寺が登場、やがて院御所に取りこまれていく経緯は先に述べたとおりである。なお、平安京が鴨川を越えて東へ発展するうえで大きな要因となったのが上皇による院御所の造営である、ということを先に指摘しておいたが、その意味においては白河殿が先蹤《せんしょう》となった。

造作の豪華さはいうまでもないが、おそらく借景となった東山の美しさも白河殿を引き立てたにちがいない。その東山の桜は格別である。緑の木々に包まれるように点在する山桜の雄大さは東山の春の風物詩といってよい。

十世紀中期に、そんな光景を楽しんだ人がいる。天暦三年（九四九）二月二十八日のこと、退位して三年になる二十七歳の朱雀上皇は、東山に御幸して観桜を楽しんだ後、右大臣藤原師輔の九条殿へ赴いている（『日本紀略』）。

## 仁和寺の桜

東山に対して西の仁和寺《にんなじ》は御室《おむろ》の桜として有名だ。花が低く遅咲きとして知られる、その桜がいつまで遡るのか定かではないが、天延三年（九七五）二月二十二日の「仁和寺桜会《さくらえ》」が記事としては早いものであろう（『日本紀略』）。しかし具体的な様子はわからない。

造作の年号を寺名とする仁和寺は、九世紀末に光孝《こうこう》天皇の御願寺として大内山の麓に創建されたが、業なかばで天皇は崩御し、遺志を継いだ子の宇多天皇が完成させた。その落慶供養と故天皇の一周忌が同時に挙行された。その後、宇多上皇は仁和寺で出家し、この地に住んだゆえに「御室」の名が出た。

光孝天皇といえば、百人一首に採られた（『古今和歌集』春上）、

君がため春の野に出でて若菜つむ　わが衣手に雪は降りつつ

の作者として知られる。詞書《ことばがき》に「仁和の帝《みかど》みこにおはしましける時」とあるから、仁和の帝こと光孝天皇の親王時代の歌である。皇位から離れた存在であった時康《ときやす》親王は、東宮《とうぐう》を経ることなく、しかも五十五歳という、おそらく平安時代では最高齢で即位した。その

仁　和　寺

仁和寺の桜

背景に、奇行の陽成天皇の十七歳での退位と時康親王の擁立があったが、それは摂関藤原基経の画策によるものであった。治世三年で崩じているから人生の大半は親王時代、したがって詠歌の時期も絞りきれないが、歌意から察するに若い時のものであろうか。

## 安和の変

桜には人の心を和《なご》ませ、豊かな希望を与える魔力があるように思うが、この時期、歴史上では大きな事件が起きている。寒い冬を越してリラックスした気分に皆が浸っている、そういう隙をつくといった心理が働いてのことかもしれない。応天門の変がそうであったように安和《あんな》の変もその時期に起きた。一世紀の間隔をおく、この二つの事件を契機として覇者への道を駆け上ったのが、ほかならぬ藤原氏（北家）であった。

安和二年（九六九）の春も桜が美しい花をつけ、平安京の内外では、皇族・貴族から庶民にいたるまで花見を楽しんだ。自邸に客を招いて花の宴に興じる有力貴族もいたが、その一人、関白太政大臣（従一位）の藤原実頼《さねより》は、七十歳という高齢をおして桜樹の下で卿相らと詩作を楽しんだ。この席にどのような人々が招かれたのか明らかではないが、この年の二月の時点での公卿（総勢一八人）は、藤原実頼を頂点として以下のような顔ぶれである。

左大臣　正二位　源　高明《たかあきら》（五十六歳）
右大臣　正二位　藤原師尹《もろただ》（五十歳）
大納言　従二位　藤原在衡（七十八歳）
　　　　　　　　源　兼明（五十六歳）
権大納言　正三位　藤原伊尹（四十六歳）
中納言　正三位　藤原師氏（五十七歳）
　　　　従三位　橘　好古（七十七歳）
　　　　従三位　藤原頼忠（四十六歳）
　　　　　　　　藤原兼家（四十一歳）

参議　正三位　源　雅信（五十歳）
　　　従三位　源　重信（四十八歳）
　　　　　　　藤原朝成（五十三歳）
　　　　　　　源　重光（四十七歳）
　　　正四位下　藤原斉敏（四十二歳）
　　　　　　　藤原兼通（四十五歳）
　　　従四位上　源　延光（四十三歳）
　　　　　　　藤原文範（六十一歳）

「左大臣が大宰府に流される！」、こんなニュースが廟堂《びょうどう》を駆けめぐったのは、実頼邸での花の宴から一〇日後のことであった。その火種は、「一の人」左大臣とはあまりにもかけ離れたところからであった。事の成り行きはこうである。

源連や橘敏《とし》（繁《しげ》とも）延《のぶ》らが謀反を企てているということを源満仲《みつなか》、藤原善時《よしとき》たちが密告してきた。これをうけて直ちに諸陣の警固と固関のことが行われ、密告文が太政大臣のもとへ届けられ、諸門の出入を禁止する処置が講じられた。いっぽう検非違使《けびいし》が逮捕した謀反人《むほんにん》の尋問が参議によって行われ、「避ける所なく其の罪に伏す」（『日本紀略』）と、あっさり罪を認めたような書きぶりだ。そして、密告者の昇叙と謀反に連なったとされる人々の配流が実行されて終わりをみた。

ところで密告者と被密告者（謀反人）は、廟堂に籍を置く現任の下級官人か、地方官経験者であり、よくて次官クラスで六位であったから貴族とはいえない輩たちである。彼らと高明の接点をはじめ、事件の詳細を述べた信ずるに足る文献も見あたらない。

ただ、高明が首謀者のゆえをもって左遷となったのである。いうなれば、結果だけが浮き彫りにされているわけで、それだけ陰謀の匂いも強いというもの。その辺のところを関連系図を参照しながら、もう少し踏み込んでみよう。

高明は醍醐天皇の皇子で、源姓を賜って臣籍に下った賜姓皇族であり、その貴種性に加えて左大臣という太政官のトップの座にいたから、藤原氏にとっては脅威な存在であった。この高明と源連、それに源満仲は姻戚関係にあったことが知られるが、橘敏延と藤原善時がどういう係累かは明らかでない。

いっぽう、村上天皇皇后の安子には憲平・為平・守平の三親王がおり、天皇崩御のあと即位したのは皇太子であった病弱の憲平親王（冷泉天皇）である。そして皇太子には守平

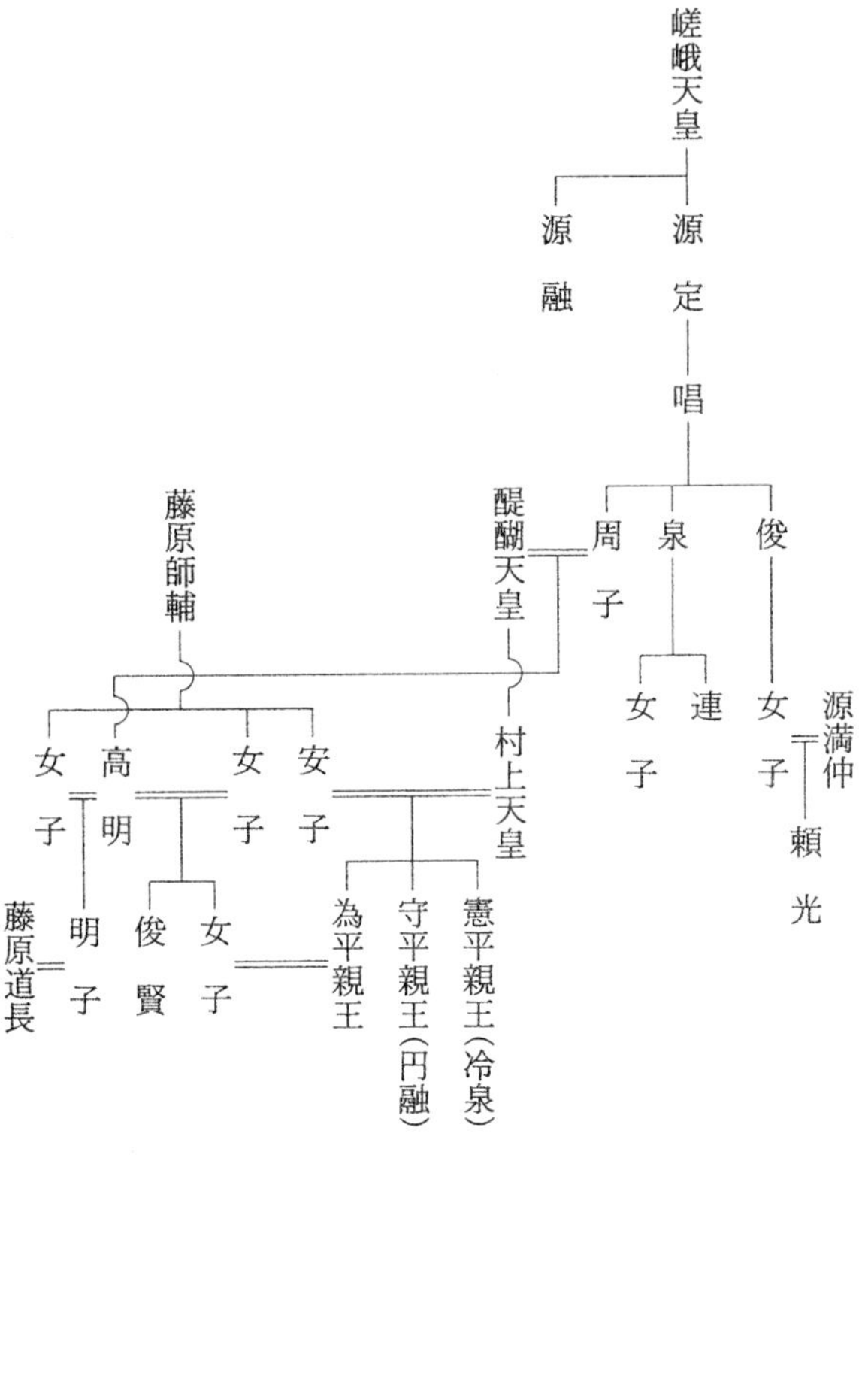
嵯峨天皇
源定
源融
唱
周子
泉
俊
醍醐天皇
藤原師輔
女子
連
女子
源満仲
頼光
村上天皇
女子
高明
女子
安子
明子
俊賢
女子
藤原道長
為平親王
守平親王(円融)
憲平親王(冷泉)

親王がなったが、これは尋常ではない。何ゆえに為平親王はとばされてしまったのか。ここに謀反説が成り立つ理由もある。

そもそも謀反の内容は、皇太子守平親王の廃位と兄為平親王の擁立というものであった。そして娘が為平親王に嫁しているという事実は、高明を謀反の首謀者に結びつける要素となり、源連が一枚かんでいることが、それを濃厚にしている。

もし為平親王の擁立が実現すれば、権力を握るのは高明その人である。そういう点から、『栄花物語』に代表されるような高明による画策説が生まれるのであろう。もっとも、藤原摂関家のことを悪く書かない作者の執筆態度からすれば、高明に罪ありとするのは自明ではあるが……。

為平擁立をもっとも恐れたのは藤原氏である。せっかく独占してきた摂関が源氏の手に移ってしまうわけで、ここは何としてでも守らねばならない。そういった理由から、藤原氏が仕掛けた、とするのが『大鏡』の見解である。同書では、その首謀者を藤原師尹《もろただ》と見なし、左大臣となった彼が、その年のうちに死んだのは高明の恨みによるか、ということを世間の噂として述べ、真実かどうかわからない、と締めくくるあたり作者らしい。

いずれにせよ高明の画策も、藤原氏による陰謀も相関として成り立ち得るが、摂関の持続を願う藤原氏にとって、為平親王の擁立を阻止しない限り明日はない、といった切迫感が強かった。いっぽうの高明は、摂関を望むならば女婿の擁立が前提となるが、この状況下での事の成就の困難さにかんがみて、聡明な彼が、そういう行動を起こすようには思えない。それに守平親王の立太子から一年半も経っての謀反に動機が見あたらないことも疑問だ。やはり藤原氏の陰謀説に傾かざるを得ない。

ただ、源満仲が高明の反対側にまわっていることは疑問だが、これは『源平盛衰記』の記述で説明がつく。満仲は当初、謀反側に荷担していたが、ある時、高明の西宮邸で橘敏延と相撲を取って負け、大恥をかかされたことに恨みを抱き、寝返ったという。この話の信憑性は不詳だが、そうだとしたら納得はいく。

この事件について『愚管抄《ぐかんしょう》』は次のようなことを述べている。冷泉天皇は物怪《もののけ》に取りつかれて薬づけになっており、世の中が動揺している時に事件は起きた、藤原師尹や兼通らが高明に対してこのような事件を仕組んだという噂もあるが、罪がないのにどうして流罪になったりするだろうか、高明が出家したのは罪を認めた証拠ではないか、と。摂関家に生まれた作者ゆえの書きぶりである。

事件の七ヵ月後、守平親王が即位して円融《えんゆう》天皇となった。そして、この事件をもって藤原氏による他氏排斥は終止符を打ち、これ以降は同族間の争いへと移っていく。

# 華麗なる歌の宴

源高明の義弟の成明親王は、母の関白藤原基経の娘穏子が中宮となっていたことで臣籍降下せずに皇族に止まり、帝位に即《つ》けたのである。

## 天徳内裏の歌合

この村上天皇の天徳四年（九六〇）春のこと、大規模な歌合《うたあわせ》が内裏《だいり》において挙行された。左右二座にわかれ、詠歌を番《つが》わせて優劣を競うのが歌合であるが、現存する最古の作品は九世紀終わりの「在民部卿《ざいみんぶのきょう》（中納言在原行平）家歌合」で、このあと天徳までの間で有名なのは、延喜十三年（九一三）に宇多法皇が御所である亭子院《ていじいん》で催した「亭子院歌合」であろう。

一般的にみて歌合には、左右に方人《かたうど》という万般に関わる基本的構成員（後には歌人その人）、これを応援する世話役の念人《おもいびと》がおり、色紙などに書かれた歌を番《つが》えの順にしたがって講師《こうじ》に渡す読師《どくし》がおり、それを朗詠する講師がいる。そして判者《はんじゃ》により一番ごとに勝・負・持（引き分け）の判定が下され（判詞《はんし》が添えられる）、それを左右の籌刺《かずさし》（員指）が味方の勝数を洲浜《すはま》に金銀の造花などを指して提示した。

こういった形で展開される歌合が質量ともに充実をみるのは、平安時代の後期から鎌倉時代にかけてである。

ところで「天徳内裏歌合」の様子は、主催者自身の日記である『村上天皇御記』をはじめ『殿上日記』以下に記されるが、それらの史料は萩谷朴『平安朝歌合大成』に一括して収められており、微細な解説も付され至便である。それによって大まかなところを見ておこう。

挙行に至った状況について村上天皇は次のように記している。

此の日、女房歌合の事あり。去年秋八月、殿上侍臣闘詩。時に典侍《てんじ》・命婦《みょうぶ》ら相語らいて曰《い》う、男已《すで》に文章を闘う、女宜《よろ》しく和歌を合すべしと。今年二月に及んで左右の方人を定め、就中《なかんずく》、更衣《こうい》藤原修子、同有序らを以て左右の頭となし、各挑読せしむ。蓋《けだ》し此れ風騒（詩文の制作）の道、徒《いたずら》に以て廃絶するを惜しむためなり。後代の意を

天徳内裏の歌合図（京都府京都文化博物館蔵）

知らざる者、浮華を好み、内寵を専《もっぱ》らにするの謗《そしり》となるを恐る。

この女房歌合を実現させた背景に、前年秋の男性による内裏詩合が強く意識されていたことが知られる。そして、左方の方人頭をつとめた藤原修子は中将更衣と呼ばれ、父の参議藤原朝成も参加している。一方、右方の方人頭をつとめたのは弁更衣で、父は参議藤原有相とみられ、有序という名は父の一字をとったものという。両人とも村上天皇の更衣であって、この歌合で主役を演じたのである。

天徳四年三月三十日の夕刻（天皇の出御が申の刻）から早暁に及んだ歌合は、内裏の清《せい》涼殿《りょうでん》の西庇《ひさし》と簀子《すのこ》、その西の後涼殿《こうりょうでん》の東簀子、この二つの殿舎をつなぐ中渡殿《なかのわたどの》を用いて行われた。中渡殿と面する清涼殿の西庇の第五間に倚子《いし》を置いて主上の御座とし、これを挟んで南（四間分）に中将更衣以下の左方女房、北（二間分）に弁更衣以下の右方女房の座とし、いずれも御簾《みす》を下ろしている。つまり清涼殿の西庇は天皇と女房の空間ということになる。

中渡殿には、緑端畳を南北に各三枚敷き、南に左方（天皇に近い方から左大臣藤原実頼・中納言同師尹・参議同朝成）、北に右方（大納言源高明・参議源雅信）の公卿が向かい合う形の座とした。また後涼殿の東簀子には中渡殿の南北に長畳を敷き、左右の侍臣（殿上人）

の座とし、清涼殿と後涼殿の間、中渡殿の南北の小庭には各三枚の畳を敷いて左方、右方の楽所召人の座を設け、その近くには員指の洲浜とその役をする小舎人童の円座を置いた。なお侍臣の座は、この小庭および中渡殿を挟んで天皇側と相対する形になっている。

いっぽう和歌洲浜（文台の洲浜）は、玉座前の簀子の南に左方のを置いてその前に源延《のぶ》光《みつ》の円座、簀子の北に右方のを置いてその前に源博雅《ひろまさ》の円座を置いた。この両名は和歌を朗読する講師である。この洲浜の作り様は金銀で飾り立てた見事なもので、一例を挙げれば、左方のそれは銀の鶴にくわえさせた山吹は金で八重の花弁を作り、銀製の葉に歌を書くといった趣向である。

このように見てくると情景が彷彿《ほうふつ》としてくるが、この天徳内裏歌合には懐かしい思い出がある。今から三〇年も前のこと、平安博物館の開館に際して、この歌合を絵画化して陳列することになった。その考証に黒板伸夫氏と当たり、当時、京都市立美術大学（現在の京都市立芸術大学）出身の若き画家、佐々木和子氏と三橋節子氏の両氏に依頼して立派な作品に仕上げてもらった。長い間、陳列してあったが、閉館にともない見ることがなくなった。

話を戻そう。全部で二〇番、四〇首の披露のあと楽人による奏楽があったが、左大臣は箏《そう》、大納言が琵琶《びわ》を弾いた。この間に盃酌《はいしゃく》饗膳《きょうぜん》があったことはいうまでもない。天皇が退下したのは東の空が明るくなりかけたころであった。

かんじんの歌合の方は、二月に更衣を左右の方人頭に当てたのをはじめ典侍・掌侍《しょうじ》・命婦・女蔵人《おんなくろうど》らの左右の方人定めを天皇みずから行い、ついで上達部《かんだちべ》・殿上人《てんじょうびと》ら男性の左右方人定めを行っている。当日は、早朝から蔵人所《くろうどどころ》の雑色《ぞうしき》以下による諸々の室礼があった。

歌題が公表されたのは三月三日のことで、それは、霞・鶯《うぐいす》・柳・桜・山吹・藤・暮春・首夏・卯花《うのはな》・郭公《ほととぎす》・夏草といった春から初夏にかけての時期に叶《かな》ったものばかりで、それと歌には欠かせない恋、これらの題で一首から五首の幅で歌作が行われたのである。

さて一番に披露されたのは霞を歌いこんだ〈左〉藤原朝忠《あさただ》と〈右〉平兼盛《かねもり》の歌であった。判者の左大臣藤原実頼は、優劣つけ難く天裁を仰いだが、天皇からの仰せもなく左を勝とした、と判詞にある。同じ二人の戦いとなった九番では、真向かいに坐していた大納言の源高明に意見を求め、この時には右を勝としている。

三番は講師に問題があった。これも朝忠と兼盛の勝負であったが、歌題が鶯であったのに、右方の講師の源博雅が誤って柳の歌を詠んだことに左方人が異議を申し立て、博雅は鶯の歌を詠み直したが、認められず右の負となった。「人の誤りに依りて何ぞ其の歌悪からんや」の詞が兼盛にとってせめてもの救いであったか。この柳の歌が四番で再び披露されたおり、左方人が「先に詠んだものを重ねて詠むとは首尾を忘れるに似たり」とクレームをつけたが、実頼は「鶯の歌の時、左方人の意見を入れて已《すで》に裁許があった、重ねて申すべきでない」とつっぱねて右の勝とした。

二〇番のうち歌数のトップは左方が藤原朝忠（朝成の兄）の七番（勝が六）、右方が兼盛の一一番（勝が四、持が二）で、いずれも三十六歌仙に挙げられている人である。最後の二〇番では次の歌が披露された。

〈左〉　恋すてふわが名はまだき立ちにけり　人知れずこそ思ひそめしか　壬生忠見《みぶのただみ》

〈右〉　忍ぶれど色に出でにけりわが恋は　物や思ふと人の問ふまで　平　兼盛

いずれも後世、藤原定家の小倉百人一首に採られるほどの名歌で、勝敗を決めかねた実頼はその任を高明に譲ったが、彼にも答えがでなかった。そのうちに座にあった人たちが互いに詠揚し、「わが方の勝」と騒ぎ出した。けっきょく天皇に委ねることにしたが、天皇も判は下されず、ただ兼盛の歌を密かに口ずさまれた。これにより天皇の気持ちは右にあると判断して右の勝とした。

ここに兼盛は、天徳内裏歌合における有終の美を飾るとともに面目を保ったのである。いっぽうの忠見は負けたことで胸がふさがり、食も喉を通らなくなり、間もなく死んだというが（『沙石集《しゃせきしゅう》』）、もとより確証はない。

この時の二〇番の勝敗は、左方が十一勝、右方が四勝で持が五という結果に終わった。桓武天皇以来の内裏がはじめて焼失したのは、この歌会から半年後のことである。

そろそろ夏の章に移らねばならぬが、春の締めくくりに百人一首から次の歌を挙げておく（『後拾遺和歌集』春上）。

### 桜　霞

高砂の尾上の桜さきにけり　外山《とやま》の霞立たずもあらなむ

遠方の高い山の峰に咲いた桜が見えなくなると困るので、里近い山の霞よ、どうか立たないでほしい、という変哲もない歌で、作者は大江匡房《まさふさ》。大江氏は文章道《もんじょうどう》の名門であり、匡房は十一世紀後半から十二世紀初頭に活躍した学者官僚で、院政を始めた白河上皇の院の近臣でもあった。彼の作品は、関白藤原頼通の依頼による平安時代の三大儀式書の最後の作品となった『江家次第《ごうけしだい》』をはじめ『江談抄《ごうだんしょう》』、『続本朝往生伝《ぞくほんちょうおうじょうでん》』、短編として『遊女記』、『傀儡子記《くぐつき》』、『洛陽田楽記《らくようでんがくき》』など多岐にわたる。

なお、右の歌には詞書《ことばがき》があって、それによると内大臣藤原師通《もろみち》の家で人々が酒宴の後に「遥かに山の桜を望むといふ心」を詠んだものであった。

道長の曾孫の師通が内大臣であった期間は、永保三年（一〇八三）から薨去《こうきょ》する康和元年（一〇九九）までだから（その間、嘉保元年からは関白）、歌作はこの間のこととなる。しかし、彼の日記『後二条師通記』を繙《ひもと》いても、傍証記事は見あたらない。ただ六条殿・師通・大江匡房の共通項でみる時、寛治五年（一〇九一）三月十六日条は注目される。

関白藤原師実《もろざね》（五十歳）の六条殿（『中右記』には「六条水閣」とある）において師通主催の曲水宴《ごくすいのえん》が挙行された。これには『中右《ちゅうゆう》記《き》』の作者の藤原宗忠《むねただ》も参加し、その様子を日記に記述しているので、それによって垣間見ておこう。

### 六条殿の曲水の宴

邸内の寝殿ほかの室礼はいつも通りで、寝殿の西渡殿と西南透渡殿・東釣殿・西釣殿には琵琶、箏、和琴《わごん》、琴、唐鼓《とうこ》、羯鼓《かっこ》などの楽器が置いてあった。師通は前日の夜遅くに六条殿に渡って宿泊、当日を迎えて昼頃には昨夜来の雨もあがった。

「曲水詩筵」は寝殿の南庭の流水のところで挙行されたのであるが、この流水は遣水《やりみず》を利用してのものであろう。この日、曲水の宴への参加者は二六人であり、公卿（左大臣源俊房・藤原師通・大納言源経信・参議大江匡房・同藤原公定・非参議藤原忠実）と五、六人の殿上人（侍従藤原宗忠ら）は上流の草墪座《そうとんざ》に着し、その他の殿上人ほかの文人らは「南流水」つまり下流の円座に着した。関白は寝殿南階の五段目あたりに座した。なお、東の上流の樹の下に屏幔《へいまん》を廻らせ「酒部所」としている。

実際に曲水の宴が始まったのは午後四時過ぎのこと、流れてきた「羽爵《うしやく》」（「羽觴《うしよう》」ともあり、鳥が羽をひろげた形の盃）を、まず藤原知家《ともいえ》が取って左大臣に奉り、納言以下には高階能遠《たかしなのよしとお》が奉り、文人や随身《ずいじん》らは自ら取って飲んだ。

ついで大江匡房による歌題の献上があり、管絃に移った。すでに用意されていた楽器が諸大夫によって所役人の前に運ばれ、七十六歳という公卿で最高齢の大納言源経信《つねのぶ》が拍子（つまりはコンダクター）、師通（三十歳）が琵琶、彼の子息の忠実《ただざね》（十四歳）が笛、藤原宗忠（三十歳）が笙《しよう》、藤原公定《きんさだ》（四十三歳）が篳《ひちりき》、右少将源有賢《ありかた》（二十二歳）が和琴を受けもった。船の七、八人の楽人による合奏も見られた。

その間にも「羽觴」がしばしば流され、人々は詩作と酒飲を楽しんだ。日没頃には管絃も終わり、座を殿上に移して饗宴に入った。余興あり、管絃あり、とひとしきり賑わった後、膳を引いて文台を置き、その上に各人が自作の詩を置いた。これを講師・読師らにより講評、引出物が出され、夜も更けてから各人が退出した。

この曲水の宴のことは『今鏡《いまかがみ》』（第四）にも見え、それは東三条殿で行った藤原道長のを踏襲したものという。これに該当する記事が『御堂関白記』寛弘四年（一〇〇七）三月三日条に見える（東三条殿ではなしに土御門殿）。ちなみに『今鏡』では、曲水の宴を語る前置きに、師通は「御心ばえたけく、姿も御能も優れてなむおはしましける」、つまり性格が強く、容姿も才能もすぐれていた、と述べているのである。事実のようではあるが、三十八歳という若死を惜しむゆえの評にもなっているようだ。

今日、京都の城南宮では春と秋の二度、曲水の宴が年中行事として行われている。そしてはからずも今年（一九九八年）の春、それを実見する機会に恵まれた。この場所は、平安後期に白河・鳥羽両上皇によって営まれた院御所、鳥羽殿の一郭であり、それが「城南《せいなん》の水閣」とも呼ばれたことは先に述べた。薄日のさす「平安の庭」の曲水に面し、一定の距離を置いて坐した歌人たちの狩衣《かりぎぬ》や小袿《こうちぎ》などの色彩が萌えるような新緑に包まれて王朝の雰囲気は十分。

この日の歌題は「山の霞」。管絃の音が流れるなか水干《すいかん》姿の童子により酒で満たされた羽觴が次から次へと流されると、歌人たちは短冊に即興歌を何首も書きつけていく。そして流水の羽觴を引き寄せて盃を飲みほす。時おり渡ってくる爽やかな風と緑葉をぬっての

曲水の宴

木洩れ日が周囲の緊張を和らげる。そこに身を置きながら往時の鳥羽殿での曲水の宴のことを思ったりもした。

この催しは披講《ひこう》をもって終わったが、京都に住んで四〇年目にして、また一つの王朝体験を加えることができた。その余韻に浸っていたい気もあって、近くの両上皇の御陵や安楽寿院などを見てまわった。

# 夏の章

# 夏の涼

夏は夜。月のころはさらなり。闇もなほ、蛍の多く飛びちがひたる。また、ただ一つ二つなど、ほのかにうち光りてゆくもをかし。雨など降るもをかし。

清少納言に夏の特色を問えば、上記の答え（『枕草子』）が返ってくるに相違ない。夜のありがたみを痛感するのは、四季のなかでも涼を運んでくる夏であろうし、それに月でもあれば言うことなし。しかし、闇夜でも蛍が飛んでいれば趣がある。また、暑い夏に一雨あれば救われた感じになる。多くの人が夏に寄せる感慨であろう。

ただ当時と、われわれが身を置く今日とでは生活環境があまりにもかけ離れてしまっているので、この一節を追体験するのは困難だ。まず、冷暖房の生活に慣れきっているぶん、自然体で暑さ寒さを感じることが鈍くなっている。時代は下るが、『徒然草』に「家の作りやうは、夏をむねとすべし。冬はいかなる所にも住まる。暑き比《ころ》、わろき住居は堪へ難きことなり」とあるから、往時の人にとって冬よりも夏がこたえたようだ。

照明についても隔世の感がある。とりわけ都会において顕著であり、よほど田舎へでも行かないと当時の暗さを体験できない。それ故に星空の美しさの相違も大きい。子供のころ疎開先の小川で光を頼りに蛍を追いかけた記憶があり、その場所や友のことなどは忘れてしまったが、蛍が放つ明るさだけは鮮やかに覚えている。その蛍も、今では農薬などの影響で激減している。観賞どころではない。

終日で最も涼しいのに夏の夜は短い。そのことを意識してかどうかはわからないが、百人一首に採られている、

月のおもしろかりける夜、あかつきがたによめる　　深養父《ふかやぶ》

夏の夜はまだ宵ながら明けぬるを　雲のいづこに月やどるらむ（『古今和歌集』夏）

などには短い夏の夜を惜しむ気持ちが込められていよう。深養父は清原姓で清少納言にとっては曾祖父に当たる。

「いと暑きころ、夏虫の色したるも、涼しげなり」。これは清少納言が指貫《さしぬき》の色について

述べたもので、とても暑い時に涼を呼ぶ「夏虫の色」とは、瑠璃《るり》色ないし浅葱《あさぎ》の濃き色を指すらしく（両色は似ている）、文献には五月以降に着用の指貫として両様みえる。ただ、かんじんの夏虫が蛾《が》、蟬《せみ》、蛍などのうちのどれなのか、明らかにしていない。

この時代、涼を求めての人々の楽しみは、なんといっても川風に当たることであろう。そういった歌を一首かかげよう。

夏ばかり賀茂の河原に過《す》ぐしてん　ふるさと人は心置くとも

夏ぐらいは賀茂川の冷たい水につかって過ごそう、川のほとりに住んでいる馴染みの人に疎遠に思われても、とかつての恋人を意識しつつも納涼の方に気持ちを走らせたような歌いぶりである。ちなみに「六月終」とあるから暦のうえでは晩夏の歌ということになる。

作者は平安中期の異色歌人として知られる曾禰好忠《そねのよしただ》で、生没年は不詳であるが、十世紀後半に活躍したことは明らかである。「曾丹」「曾丹後」の渾名が示すように丹後掾《たんごのじょう》（六位）に長い間とどまっていたらしく、身の不遇を嘆き、都での出仕を願うことを吐露しているところをみると、彼の歌風の斬新さに加え社会的地位の低さ故か、古今調の歌風に慣れていた当時の歌壇から受け入れられず、満ちたりない一生であったようだ。しかし、和歌革新の機運にのって登場した『後撰和歌集《ごせんわかしゅう》』以下の勅撰集には多数の採歌がみられるから、死後に歌人としての面目を保ったことになる。

川原に出ないまでも夕涼みも夏の風物詩である。『枕草子』に「いみじう暑きころ、夕涼みといふほど」の書き出しで、あたりも暗くなって物もはっきり見えない時分に、男車が先払いをしながら走らせ、それほどの身分でない普通の人でも、車の後ろの簾を巻き上げて走らせて行くのなど、とても涼しげだとある。今なら、さしずめドライブということになろうか。

さらに『枕草子』には「六月十余日にて、暑きこと世に知らぬほどなり。池の蓮を見やるのみぞ、いと涼しき心地する」とか「七月ばかり、いみじう暑ければ、よろづの所あけながら夜も明かすに……」とあって、暦のうえでは夏の終わりから秋に向かう時節だが、むっとした暑い日もあったようだ。年によって陽気の変動があるのは常のことである。しかし夏は無類に暑く、冬はひどく寒いのがよいというのが、清少納言の信条のようだ。

# 祭の季節

## 賀茂祭

夏は祭の季節でもある。京都の三大祭のうち平安時代にはすでに見られた二つの祭は夏に挙行された。その一つ、こんにち葵《あおい》祭の名で親しまれている賀茂祭は、その昔には四月（中の酉《とり》の日を祭日とす）に行われていた。それが明治以降、五月十五日に定着したのであるが、これは陰暦と陽暦のちがいによるもので季節感に差はない。当時でも今のように新緑が目を刺すほどに青々とした汗ばむ時期に催されたのである。

祭が近づくと、うきうきするのは時代を超えた心情であろうが、人々が祭を待つ喜びを清少納言は「四月、祭のころいとをかし」の書き出しで次のように述べている。

祭近くなりて、青朽葉《あをくちば》、二藍《ふたあゐ》の物どもおし巻きて、紙などにけしきばかりおし包みて、行きちがひ、持て歩りくこそをかしけれ。末濃《すそご》、むら濃《ご》なども、常よりはをかしく見ゆ。童部《わらはべ》の、頭《かしら》ばかりを洗ひつくろひて、なりは皆ほころび絶え、乱れかかりたるもあるが、屐子《けいし》、沓などに「緒すげさせ、裏をさせ」などもて騒ぎて、いつしかその日にならなむと、急ぎをし歩りくも、いとをかしや。

祭の晴れ着を持ち歩き、履物の準備をせがむ子供など当日を待ちこがれる様子が、ひしひしと伝わってくるようだ。

さらに清少納言は「見物してすばらしいもの」の一つに賀茂祭の「還立《かえりだち》(祭のかへさ)」を挙げ、次のように描写している。

## 「祭のかへさ」

祭の還《かへ》さ、いとをかし。昨日は、よろづの事うるはしくて、一条の大路の広う清げなるに、日の影も暑く、車にさし入りたるもまばゆければ、扇して隠し、居直り、久しく待つも苦しく、汗などもあえしを、今日は、いととく急ぎ出でて、雲林院《うりんゐん》、知足院《ちそくゐん》などのもとに立てる車ども、葵、桂どももうちなえて見ゆる。日は出でたれども、空はなほうち曇りたるに、いみじういかで聞かむと目をさまし起きゐて待たるる郭公《ほととぎす》の、あまたさへあるにやと鳴きひびかすは、いみじうめでたしと思ふに、鶯の老いたる声

輿に乗った斎王代

して、かれに似せむとをしううち添へたるこそ、にくけれど、またをかしけれ。いつしかと待つに、御社《みやしろ》の方より、赤衣《あかぎぬ》うち着たる者どもなどの、連れ立ちて来るを、「いかにぞ。事なりぬや」と言へば、「まだ無期《むご》」など答《いら》へ、御輿《みこし》など持て帰る。かれに奉りておはしますらむもめでたく、けだかく、いかでさる下衆《げす》などの近くさぶらふにか、とぞ恐ろしき。

はるかに言ひつれど、ほどなく還らせ給ふ。扇よりはじめ、青朽葉《あをくちば》どものいとをかしう見ゆるに、所の衆の、青色に白襲《しらがさね》を気色《けしき》ばかり引きかけたるは、卯の花の垣根近うおぼえて、郭公も陰に隠れぬべくぞ見ゆるかし。昨日は車一つにあまた乗りて、二藍《ふたあゐ》の同じ指貫《さしぬき》、あるは狩衣《かりぎぬ》など乱れて、簾だれ解きおろし、もの狂ほしきまで見えし君達《きむだち》の、斎院の垣下《ゑが》にとて、日の装束うるはしうして、今日は、一人づつさうざうしく乗りたる後に、をかしげなる殿上童《てんじやうわらは》乗せたるもをかし。

渡り果てぬるすなはちは、心地もまどふらん、我も我もと、危ふく恐ろしきまで、先に立たんと急ぐを、「かくな急ぎそ」と、扇をさし出でて制するに、聞きも入れねば、わりなきに、少し広き所にて、強ひて留めさせて立てる、心もとなくにくしとぞ思ひたるべきに、ひかへたる車どもを見やりたるこそ、をかしけれ。男車の誰とも知らぬが、後《しり》に引き続きて来るも、ただなるよりはをかしきに、引き分かるる所にて、「峰に分かるる」と言ひたるもをかし。なほ飽かずをかしければ、斎院の鳥居のもとまで行きて、見る折もあり。

あえて長く引用したのはほかでもない、祭の細やかな雰囲気とともに季節感をじかに感じ取って欲しかったからである。

文中からも察せられるように「路頭の儀」と称する勅使《ちょくし》の行列（および同日に下・上両賀茂社で挙行の「社頭の儀」を祭日とする）の翌日に行われる還立とは、祭日に奉仕した斎《さい》王《おう》が宿泊した上賀茂社から紫野の斎院に帰ることであり、これも見物の対象となった。

清少納言は、前日の路頭の儀を一条大路のしかるべき所に車を立て、きつい日射しのもとで汗しながらの見物に閉口したようだが、翌日の還立は、早朝に家を出て物見車で待った。すでに雲林院の辺には車が立て込んでおり、車につけてある葵や桂も萎《しお》れて見えたというが、後者は、今日でも汗ばむ時などにはよく目にする。

彼女は、行列を待っている間に聞いた時鳥《ほととぎす》（郭公）の声に感動するいっぽうで、それに似せようと声を合わせて鳴く、年老いた鶯の声を憎らしく思う反面、風情を感じてもいる。去って行く春の鳥と飛来してくる初夏の鳥の取り合わせが心憎い。

雲　林　院

上賀茂神社

上賀茂社の周辺には時鳥がよく飛来してきたようで紫式部も賀茂詣《もう》でのおり、夜明けに社の裏山の梢を眺めながら時鳥が鳴くのを待つ心境を次のように詠んでいる（『紫式部集』）。

ほととぎす声まつほどは片岡の　森のしづくに立ちやれぬまし

それは賀茂祭ごろ顕著であったようで、『今昔物語集』（巻第十九）にも「賀茂ノ祭ノ物見車、返《カヘル》サノ紫野ノ生《ナマ》メカシク、神館ニ郭公ノ眠《ネブ》タ気ニ鳴キ、花橘ニ付ル心バエナドモ有《アリ》メリ」とある。

そうこうしているうちに行列がやって来たが、斎王や扈従《こじゅう》の女たちの装束や持ち物の素晴らしさと前駆《ぜんく》の輩の装束の味気なさを観察する彼女は、行列が通り過ぎてしまうと、我先にと車を出そうとする人たちと、これを制する声にも注意を払っている。いつの時代でも目にする群集心理である。清少納言は、行列が去った後も興趣がつきず、斎院の鳥居の所まで行って覗いて来ることもあった。

ちなみに斎王が紫野《むらさきの》の御所（斎院）に帰り着くのは、日記などを見ると未刻《ひつじのこく》つまり午後の二時頃であったようだ。賀茂社から斎院までの行程は明らかではないが、雲林院や知足院の前を通っているから京外は北の田園のなかを数時間かけて行進したのであろう。

こうした祭は、清少納言ほど深い観察はないにしても、多くの人たちが楽しんだのであり、しかも身分を越えて皇族・貴族・庶民が共有できた。娯楽が極端に少ない当時にあって祭は最大の楽しみであり、少し前の時代でもそうであった。

**路頭の儀**

奉幣のために天皇の使が両賀茂社に参向することを目的とするこの祭は勅祭と呼ばれ、同じ山城国での秋の石清水《いわしみず》祭、それに大和国で春に挙行の春日祭を加えて三勅祭という。そして、この時代に「祭」といえば賀茂祭を指し、その最盛期が平安時代であったことが、貴族の全盛期と軌を一にしているのは興味深い。

天皇の名代となる勅使（祭使）には近衛府の官人、それも次官クラス（少将）の起用が慣例で、このほかに東宮・中宮・皇太后宮といったところからも幣物とともに次官クラスが使者となって加わることが多かった。それぞれ出立所において装束を整え、饗宴など一連の儀がみられたが、これには舞人・楽人・検非違使《けびいし》らに至るまでの行列参加者が顔を見せている。

いま諸々の日記などから行列のあらましを見てみると、山城騎兵隊が先頭をきり、行事弁・史《ふひと》・外記《げき》の車、看督長《かどのおさ》・検非違使（府生《ふしょう》・志《さかん》・尉《じょう》）の馬上の一団（﨟次《ろうじ》の低い輩から順に）がこれに続く。このあとは山城使（次官の介《すけ》）、そして前駆を従えた東宮・皇后宮などや勅使の車、さらには馬寮使（次官の助）・内蔵寮使（助）といった常連の一群。これらの間に舞人・陪従（楽人）が入り、行列の終わりの方に斎院長官《さいいんのかみ》、斎王の御輿《みこし》が来る。その総勢は三、四百人前後にふくれあがった。ちなみに今日の行列参加人数は五〇〇人を超える。

行列の順序とか員数、装束などには規制があり、賀茂祭を一条大宮で見物した藤原実資は「次第の事、違濫《いらん》太《はなは》だ以て多々、但し過差の事なし、倹約の宣旨を守る歟」と『小右記』に記している。三条天皇の長和三年（一〇一四）のことであるが、この時には順番だけが乱れただけで他は問題なかったようだ。これにはわけがあり、前年の祭の直前に、御禊《ごけい》の前駆ならびに祭の諸使の従者二〇人、童《わらわ》六人を超えてはいけない、織物を着してはいけないといった禁制が出たにもかかわらず、数日後の御禊や祭日では違反があったようで、厳しい通達でもあったのであろう。

よく問題になるのは装束の華美のことで、参加者は見物人の目を引こうと着飾り、「憲法を破る」「過差極まりなし」と非難されることの方が多いが、時には「その衣、員、皆制の如し、使々の車など殊《こと》に過差なし」「物具《もののぐ》など美麗なり、車ならびに笠風流」と称えられることもあった。

これら一行は、巳刻《みのこく》つまり午前十時頃に内裏を出立、陽明門を出て大宮大路を北行し、平安京の北端の一条大路を東京極大路まで東進する。なお一条大路に出て二〇〇㍍余り進んだ堀川小路の「列見《れけん》の辻」で紫野の斎院御所から南下してきた斎王列が合流する決まりであった。

**斎王御禊**

祭日の三日前の午の日を慣例とする斎王御禊は、斎王が鴨川に赴いて禊《みそぎ》をすることで、斎院御所を出立した一行——前駆・斎院司の長官と院司・斎王ら二〇〇人ほど——は、路頭の儀と同様に一条大路を通ったので、大路の両側は見物の人垣ができた。

その様子を紫式部は『源氏物語』（葵）のなかで次のように活写している。

御禊《ごけい》の日、上達部《かむだちめ》など数定まりて仕うまつりたまふわざなれど、おぼえことに容貌《かたち》あるかぎり、下襲《したがさね》の色、表袴《うえのはかま》の紋、馬、鞍までみなととのへたり……。かねて物見車心づかひしけり。一条の大路所なくむくつけきまで騒ぎたり。所どころの御桟敷、心々にし尽くしたるしつらひ、人の袖口さへいみじき見物《みもの》なり。

選《え》りすぐった公卿が色鮮やかな装束を着け、立派に整えた馬に乗って供奉する、こういった華麗な行列を見る側も負けていない。趣向を凝らして飾り立てた物見車や桟敷、御簾

上賀茂神社での斎王の禊

下鴨神社
禊の儀が行われる御手洗の池.

からのぞく女房の出《いだ》し衣《ぎぬ》の袖口までもが見物の対象となった。

隙間もないほどに立ち並んだ物見車、そうしたなかで葵上の車の従者が、よい見物の場を求めて六条御息所《みやすどころ》の車に乱暴をはたらいて車を押しやり、そこに自分たちの車を立ててしまった。権勢の前に御息所は泣き寝入り、その恨みが生霊となって産褥の葵上に取りつき、葵上は出産後に死んでしまう。話の展開はともかく、賀茂祭の際の一条大路でのこうした光景を紫式部は何度となく目にしていたにちがいない。

### 一条大路の賑い

道幅三〇メートルほどの平安京の最北の大路には大小さまざまな規模の桟敷が造られたが、目を引いたのは何と言っても藤原道長のそれであろう。「一条の御桟敷の屋、長々と造らせ給て、檜皮葺《ひはだぶき》・高蘭などいみじうおかしうせさせ給て、この年頃、御禊よりはじめ祭を殿も上も渡らせ給て御覧ずる」（『栄花物語』巻第八）というものであり、この年つまり寛弘二年（一〇〇五）四月二十日の路頭の儀を道長は妻の源倫子《りんし》と桟敷から見物した。

道長と同時代の藤原実資は一条大路のことを「祭場」（『小右記』長和五年）と言ったが、この大路は、賀茂祭のほかに大嘗会に備えて天皇が賀茂川で潔斎したり、賀茂社行幸や摂関賀茂詣でなどの際にも用いたから、そのつど見物人が押し寄せた。そうした行列を道長は桟敷に天皇・中宮・東宮らを招いて見物することもあった。

当の実資は、長和五年の路頭の儀を新造桟敷から妻子とともに見物しているが、その桟敷は下級官人の家を買得して造営したものであった。

この時代の祭列や見物の様子を実感できる恰好《かっこう》の絵画資料といえば『年中行事絵巻』に所収の「賀茂祭」であろう。行列を見ると、先頭を行く馬上の数人は騎尻《のりじり》の衛府の官人、このあとに騎馬の職事《しきじ》が舎人《とねり》や雑色《ぞうしき》を従えて続き、そのうしろ、ちょうど桟敷の前を通る馬上の二人は舞人で舎人と随身《ずいじん》を従えている。それに続いて、二人の轆（口取り）の牽《ひ》く馬に乗った人が近衛使（四位の少将）つまり勅使で、居飼《いかい》・手振《てぶり》らを従える。そして、それぞれの間には御幣や蓬萊《ほうらい》の作り物を担いだ徒歩《かち》が配され、傘持ち、移馬《うつしうま》（替え馬）なども見える。

桟敷
御幣
舞人

賀茂祭（『年中行事絵巻』）

賀茂祭（岡田元史画）

いっぽう見物側に目を転じると……。二宇の桟敷のうち間口が七間の方は僧侶の座であり、九間の東部半分は貴族であろう、その腰板の前の地べたには随身が坐している。西の五間には御簾が下りており、その左手に多くの随身が控えているところを見ると、中には高貴な人々が入っているものか。そのほか二輌の物見車がのぞまれ、いずれも牛をつけたままの状態で牛飼《うしかい》童《わらわ》が綱を持って立ち、御簾を下ろしており、手前の車は出衣の状態だ。いずれも然るべき地位の人であるが、そうでない輩は、地べたに坐りこんだり、木に登ったり、梯子《はしご》を利用して築垣の板屋根の上からなどさまざまである。

桟敷から見物できたのはかなりの地位の人であった。そこでは祭列の見物だけでなく饗宴がもたれたことが道長の桟敷の例などから知られる。時代は下るが、十四世紀前半の祭列見物について吉田兼好は『徒然草』に以下のように記している。

「行列が遅い」と言って奥に引き下がって飲み食いし、囲碁・双六《すごろく》に興じ、桟敷に置いた見張りの「行列が来ます」という声に、我先にと走り上って、御簾が張り出して落ちそうになるくらいまで押し合いへしあいしながら、一つのことも見逃さないよう目を凝らして「ああだ、こうだ」と評しながら見る。しかし行列が通り過ぎてしまうと「次が来るまで」と、奥に下がって遊宴の続きをする。ただ物を見るだけといった彼らの態度には情緒のかけらも感じられない、と言わんばかり。それよりも一歩さがって、装いを凝らした行き交う車を眺め、誰が乗っているのか思いをめぐらせ、立ち並んでいた多くの車やぎっしり詰まっていた大勢の人たちの喧騒がなくなった夕暮れどきの静まりかえった一条大路の様子を見てこそ、ほんとうに祭を見たと言える。つまり即物的ではなく、少し距離を置いたところから物事を観察する、そこに情緒もあろうというのが兼好の見解である。

ここに描かれる桟敷は母屋に張り出して高くして造られたもののようだ。ところで、祭に備えて一条大路の掃除が行われたが、それでも路面は石ころなどで凸凹《でこぼこ》していたようだ。祭使をつとめた清少納言の父の清原元輔《もとすけ》が大路を渡っていた時、乗っていた馬が石に躓《つまず》いた拍子に振り落とされ、冠が外れて禿頭が露出し、見物人の笑いを買っ

糺の森を行く葵祭の行列

勅　　使

たという話がそのことを物語っている（『今昔物語集』巻第二十八）。また長和四年（一〇一五）の時には、祭直前で疫病による死人や汚穢物が多く、検非違使に清掃するよう命じ、かつ祭の間はそういった物を放置せぬよう取り締まらせている（『小右記』）。祭でない通常時の街路は想像以上に汚れていたのである。

今日の見物場所で往時の雰囲気に浸れるのは糺《ただす》の森か鴨川堤であろうか。前者では、鬱《うっ》蒼《そう》とした樹木のなかを進む行列の衣装が木洩れ日をうけて色彩が浮き立ち、社頭の儀を目前にしての一種の緊張感も加わった威容を目にすることができ、後者では、昼食後の寛《くつろ》いだ歩みの行列越しに見える鴨川と比叡山の雄姿に、その昔を偲ぶ楽しみがある。このあと上賀茂社での社頭の儀を行って幕を閉じるのが今日の祭である。

## 三船祭

こんにち葵祭の直後にもう一つの王朝絵巻を目にすることができる。五月の第三日曜日に挙行の車折《くるまざき》神社の例祭である三船祭がそれで、新緑が覆いかぶさるような大堰川《おおいがわ》（大井川とも書き、今の嵐山の渡月橋あたりの指称で、その上流を保津川、下流を桂川と言う）に竜頭鷁首《りょうとうげきしゅ》以下の船を浮かべて詩歌管絃の遊びを楽しむ。大宮人の優雅な船遊びの再現をねらった、この祭は昭和に入ってからと新しいが、九世紀末に見られた宇多上皇の大堰川御幸の際に催された船遊びの故事にちなむという。その際の藤

大堰川での三船祭　龍頭鷁首の船

原忠平の詠歌「をぐらやま峰のもみぢ葉」は百人一首でおなじみで、詳しくは秋の章でとりあげるが、ここにおいては「三舟」の故事は見あたらない。その意味では道長と同年の公卿で歌人の藤原公任《きんとう》を挙げねばならない。

## 「三舟の才」

『大鏡』の伝えるところでは、ある秋のこと藤原道長は卿相らと嵯峨の地に赴き大堰川での船遊びに興じた。その際に漢詩・和歌・管絃の三隻の船を仕立て、各人を得意とする船に乗せて才能を競わせるといった趣向を凝らした。「そなたはどの船にお乗りか」と道長から尋ねられた公任は「和歌の船に乗りましょう」と答え、「をぐら山あらしの風の寒ければ紅葉《もみぢ》の錦着ぬ人ぞなき」を詠んで周囲の絶賛を得た。しかし公任は「漢詩の船でこの歌ぐらいの詩を作ればもっと名声を得ただろうに」と口惜しがった、という。同様の話は『古今著聞集《ここんちよもんじゆう》』（第五）にもあるけれど歌に若干の異動がある。

これが何年のことかは定かでないが、道長が嵯峨に遊覧した例としては長保元年（九九九）九月十二日のそれが注目される。この計画は公任ら三人の参議や藤原行成らの間で二日前にもちあがったもので、行成は当日の様子を『権記』に記している。

それによると、各人が餌袋《えぶくろ》や破子《わりご》を持参し、まず大覚寺の滝殿ついで栖霞観《せいかかん》をまわり、その後に大堰川畔に到っている。この時の歌題は「処々尋紅葉」。公任は最初に訪れた滝殿について「滝音能絶弖久成奴礼東名社流弖猶聞計礼」と詠んだ。百人一首で有名な「滝の音はたえて久しくなりぬれど名こそ流れてなほ聞えけれ」である。この滝組の遺構が近年の発掘調査で見つかっている。

いっぽう「三舟の才」の逸話は、寛和二年（九八六）十月の円融院（前年に出家して法皇）の大堰川逍遥《しょうよう》の際に見られた。「御船に御して都那瀬《となせ》に到り給う」（『古事談』）とあるが、戸那瀬は大堰川の部分名で歌枕にもなっている。詩歌の題は「翫水辺紅葉」。御幸には摂政の藤原兼家以下が扈従したが、藤原公任と源相方は三船に乗り面目を施したという（『楽記』〈『大日本史料』二ノ一所収〉）。公任が「詩歌絃」に秀でたことは、『和漢朗詠集』や『北山抄』など多方面にわたる彼の編著書からも頷《うなず》ける。

『古今著聞集』には、円融院や藤原道長の「三舟」の話とともに白河天皇の大堰川行幸の時の源経信のそれを収めている。「詩歌管絃の三の舟をうかべて、其道の人々をわかちてのせられける」ところへ遅れて参上した経信は、水際に跪《つまず》いて「やゝ、いづれの舟にてもよせ候へ」と言い、管絃の船に乗って詩歌を献じた。「三事かねたる人」ゆえに故意に遅参したというのが専《もっぱ》らの噂であったようだ。

これがいつの時のことか明らかではないが、管見の限りでは承保三年（一〇七六）十月二十四日に白河天皇は大堰川へ行幸、船をだして和歌会を催し、右大臣源師房が序を献じたことがわかる（『扶桑略記』）。しかし、それ以上のことは知られない。

源経信は、宇多源氏の系統で大納言に至り、嘉保元年（一〇九四）七十九歳の時に大宰《だざいの》権帥《ごんのそち》となり三年後に任地で他界した。その報に接した藤原宗忠は「倭漢の学を兼ね、詩歌の道に長け、これに管絃の芸を加う」と称え、希有の大納言兼大宰権帥になれたのもそのためという（『中右記』承徳元年閏一月二十七日条）。管絃としては琵琶を好くし、漢詩と和歌の道では指導的役割を果たした。

## 祇園御霊会

平安京を舞台に繰り広げられる真夏の行事として祇園《ぎおん》祭がある。賀茂祭とともに一〇〇〇年以上の歴史をもつ祭だが、賀茂祭の盛期が平安時代であったのに対して祇園祭のそれは応仁の乱以降の十五世紀に入ってからである。このことは、前者が貴族中心であったのに対して後者は町衆に支えられたということと深く関わる。つまり歴史の舞台でのそれぞれの活躍期と合致しているのである。そして賀茂祭の行列が平安京の北端の一条大路を通ったのに対して祇園祭は三・四条大路というぐあいに京の中心部を通った。さらには、神社の祭礼の多くは神輿《しんよ》が出るのに賀茂祭にはそれが見られない

祇園御霊会（岡田元史画）

祇園御霊会の馬長か（『年中行事絵巻』）

祇園御霊会の田楽（『年中行事絵巻』）

祇園祭の田楽

祇園祭の神輿渡御

ことも相違点のひとつだ。

われわれが現在見る祇園祭の姿は後世のものであって、平安時代にはまったくといってよいほどに行列の様相が異なっていた。それは「祇園御霊会《ごりょうえ》」と呼ばれることが多かった点に象徴されるように、その要素が全面に強く押し出されたものであった。つまり怨霊《おんりょう》鎮めを目的に始まった祭である。

八世紀末の長岡京時代に廃太子となって淡路島へ配流の途次に憤死した早良《さわら》親王をはじ

祇園祭の菊水鉾

めとし、非業の死を遂げた人々の怨みが疫病などをひき起こすと信じられた当時、これを止める手段は怨霊を祀りあげること、つまり御霊会の挙行であった。貞観十一年（八六九）の悪疫流行に際し日本の国数に倣って六六本の鉾を作り、疫病神である牛頭天王《ごずてんのう》を祀って神泉苑《しんせんえん》へ送ったという社伝をもつが、定着するのは十世紀後半のことである。ここに言う鉾は、『年中行事絵巻』の「祇園御霊会」に描かれる三基の神輿の前を行く四神の鉾であり、こんにち目にする大型の鉾は、この時代には登場していない。

当時は、六月七日に祇園社から旅所《たびしょ》へ神輿を送る「御輿迎」と、一週間後の十四日に神輿が祇園社に帰って行く「神幸（還幸）行列」から成っていた。その祭列の主役は、鉾ではなしに天皇をはじめとする皇族や貴族が調献者となって出場させる馬長《うまおさ》であり、その数は二〇騎の例が多いが、時には七〇騎ということもあって互いに華美を競いあった。清少納言が「心地よげなるもの」として「御霊会の馬長」を挙げている（『枕草子』）のも解るような気がする。

この祭のもう一つの見どころは田楽《でんがく》であった。これがいつから加わるようになったのか確かめ得ないが、院政期には常態となっていた。『年中行事絵巻』には行列の先頭で、鼓《つづみ》を高く投げ上げ、それを囲むような形で藺笠《いがさ》に水干姿の田楽法師たちが笛・太鼓・編木《びんざさら》などを鳴らしながら踊る描写がある。

注目されるのは永長元年（一〇九六）、祇園御霊会に事よせて皇族から庶民までを巻き込んで興じた田楽のことである。「皆田楽を作り道路に満盈《まんえい》し」て通行の妨げとなった昼夜に及んだそれが一〇日以上続いたという。また七月には、白河上皇の近臣たち三十余名が内裏に繰り出して演じており、なかでも腰鼓姿の備前守藤原季綱の演技は「誠に絶妙、甚だ其の体を得る」と観客の注目を集めた（『中右記』）。

このマス・ヒステリアの様子を『洛陽田楽記』としてまとめた大江匡房《まさふさ》は「一城の人、みな狂えるが如し。けだし霊狐の所為なり」と評した。

# 歴史の静観者

## 鴨　川

比叡山と鴨川（高野川と合流以南は鴨、以北は賀茂の字を当てるのが慣例となっているが、ここでは鴨川で統一）は京都の顔であり、悠久の営みを黙々と眺め続けて今日に至っている、いわば沈黙の、歴史の語り部でもある。京内には南北の街路に沿っていく筋もの川が流れており、遣水《やりみず》という形で皇族や貴族邸の池の水を供給していた。いっぽう京外の東を流れるのが鴨川であるが、単に「川」といえば鴨川を指したように当時を代表する川であった。

十世紀後半の曾禰好忠《そねのよしただ》の鴨川での涼の詠歌は先に紹介したが、彼と同時期の慶滋保胤《よししげのやすたね》も『池亭記《ちていき》』のなかで「夏天納涼」と述べ、すでに人々が鴨川べりで涼をとったことを物

比　叡　山

鴨　　川

語っている。しかし、納涼のための川床が登場し、「四条河原の夕涼み」（円山応挙）に見るような状況を呈するのは近世になってからのことである。

## 川原での祓禊

平安京になってからの鴨川の最初の顔は祓禊《ふっけい》の場としてのそれである。即位した天皇がまず行う一世一度の重要行事である大嘗祭《だいじょうさい》（十一月に挙行）に備えての禊《みそぎ》は鴨川へ行幸して行われた。天長十年（八三三）の仁明《にんみょう》天皇を初見として文徳・清和・陽成・光孝・宇多・醍醐の歴代とも十月の終わりに催されている。また、先の賀茂祭との関わりでいえば、斎王御禊がそれに当たり、初代斎王の有智子《うちこ》内親王（嵯峨皇女）の記事は見あたらないが、二代・三代（いずれも仁明皇女で卜定は天長八年と十年）ともに鴨川での禊の後、紫野の斎院に入っている。

鴨川での祓禊は、このような特殊な場合の大がかりなものと限ったわけではなく貴族による例も多く見られる。たとえば長保二年（一〇〇〇）の大原野社の祭礼の時、神馬使を立てるにあたっての藤原道長と私幣を奉る藤原行成《ゆきなり》は、それぞれに鴨川に赴いて祓《はらい》を行っている。このように春日・賀茂・梅宮祭などに際しての祓は一般的で、道長は奉幣せずとも祓をし、普段の時でも「早朝東河に出で祓す」という記事が見える（『御堂関白記《みどうかんぱくき》』）。道長の土御門殿と鴨川はいたって近かった。

鴨川での祓を盛んに行ったのは藤原実資《さねすけ》であろう。天元五年（九八二）の「世間不浄、また疑う所の穢《けがれ》」あるをもって「河原に出で解除」したのを初見として『小右記《しょうゆうき》』には散見する。彼の場合、沐浴《もくよく》してからの祓もあり、このように身を清めてからの祓は行成にも見られる。鴨川での祓禊は早朝が多く、その場所としては、斎王の禊所の設営地点の例などからみて二条大路末か以北の河原が当てられたようである。

清少納言は『枕草子』の「心ゆくもの」に「ものよく言ふ陰陽師《おんやうじ》して、川原に出でて、呪咀《ずそ》の祓へしたる」を挙げているが、当時のことゆえ人から呪いをかけられた際の祓も多かったことだろう。

祓禊の場となすためには川原を清浄に保つことが前提であり、川原での遊猟禁止令の存在はそれを裏づけるものである。しかし、汚物や死体の遺棄などで汚れていることが多かった現状のなかで、清浄維持は困難であったにちがいない。十世紀後半のことであるが、『蜻蛉日記《かげろうにっき》』作者の「河原には死人も臥せりと見聞けど」の記述が参考となろう。

### 氾濫と対策

通常だと場所によっては徒渡《かちわた》りができるほどの水量であった鴨川も、一両日程度の雨ですぐに氾濫した。たとえば長保二年（一〇〇〇）八月の時の様子を藤原行成は『権記《ごんき》』に以下のように記している。

夜来の大雨に鴨河の堤絶え、河水、洛に入る。京極以西の人宅、多く以て流損す。就中、左相府の庭池を別せず、氾溢《はんいつ》すること海の如し。参入の人々、束帯の輩、履襪を解き脱ぎ、布衣・布袴の者、上括して往還すと云々。卿相、或は馬に騎《の》り、或は人に負われると云々。

鴨川堤の決壊により京内に流入した水で多くの邸宅が流されたが、道長の土御門殿では庭と池の区別がつかないほどに水浸しとなり、来訪の公卿たちが右往左往した。高野川との合流地点のすぐ西南に当たる左京域のこの地区は真っ先に被害を蒙ることが多かった。寛仁二年（一〇一八）のそれでは富小路（京極大路の一本西）以東が海のようであったし（『左経記《さけいき》』）、長元元年（一〇二八）の大風水では多くの河川が氾濫したが、鴨川のそれでは、道長創建の法成寺《ほうじょうじ》の境内一面が海のようで塔も傾いたという（『小右記』）。いずれも秋のことである。

こうした水害は、堤防の軟弱さに加えて鴨川堤における田畑の耕作が大きな原因となった。つまり耕作のために河水を引き入れることで堤防を損ねるからである。それへの対策として鴨川堤での耕作禁止令が出されてはいるが、それを免れた公田もあったから実際には効果がさほどではなかったようだ。度々の氾濫がそれを物語っていよう。

鴨川が氾濫すると朝廷では、さっそく臨時に防河使（長官《かみ》、判官《じょう》、主典《さかん》はじめ史生《ししょう》ら）を任命して決壊場所の修築に当たらせ、それが終わると工事に手抜きがないかなどを検査する覆勘使《ふつかんし》が派遣され、彼らは覆勘文を朝廷に提出し、問題がなければ完了となる。しかし「防河の官、昨日その功を称えられ、今日その破れに任す」（『池亭記』）と、十世紀の段階ですでに修築が追いつかないほどであった。これが十二世紀中期には、

抑々《そもそも》、防河の事、近年絶えて修復なし。貴賤の輩、悉く《ことごと》居宅を鴨水の東に占め、各々堤防を東岸に築く。

とあるように鴨川の東部に人々が住みついていた状況を知る（『本朝世紀』康治元年六月十八日条）。こうなると氾濫に対して手を拱《こまね》いているしかない。白河上皇の天下の三不如意《さんふにょい》に「鴨川の水」が挙げられていることが想起される。

平安も末期になると京の内外で戦が展開され、鴨川原が合戦の場となったり、処刑や首実検が行われ、晒《さら》し首の場となることが多かった。そして時代の転換期にみられる世情不安を助長するかのように飢饉《ききん》・旱魃《かんばつ》・洪水・疫病が相次ぎ、行き倒れや餓死者が京に溢れた。

築地《ついぢ》のつら、道のほとりに飢ゑ死ぬるもののたぐひ、数も知らず。取り捨つるわざも

知らねば、くさき香世界に充ち満ちて、変りゆくかたち、ありさま、目もあてられぬこと多かり。いはむや、河原などには馬車のゆきかふ道だになし。

悪臭鼻をつく状況を鴨長明は『方丈記』にこのように記しているが、とりわけ鴨川原は凄惨をきわめたようだ。

# 秋の章

# この世の栄華

## 華やかな土御門殿

『紫式部日記』は次の書き出しではじまる。

秋のけはひ入り立つままに、土御門殿《つちみかど》のありさま、いはむかたなくをかし。池のわたりのこずゑども、遣水のほとりの草むら、おのがじし色づきわたりつつ……。

夕刻になると涼しい風が頬をやさしく撫でる。暑かった夏から解放されるひとときであり、秋の到来に期待をよせる、そういった状況を伝えるような筆の運びである。それに、もっと大きな期待があった。

そもそも紫式部が、この道長邸に局《つぼね》を与えられて住むようになったのは、主の中宮《ちゅうぐう》彰《しょう》

土御門殿跡

土御門殿復元模型（池浩三考証）

子《し》が出産のために里下がりしたことによる。それは寛弘五年（一〇〇八）七月というから暦のうえでは初秋である。道長にとって初孫、それも皇子への期待がかかる。一〇〇人は超えるといわれる使用人たちも出産を控えてあわただしい。

里下がりから二ヵ月後、二十一歳の中宮は無事に皇子（敦成《あつひら》親王）を生んで父の期待に応えた。皇子ということに加えて入内《じゅだい》から九年も経っていたので道長は手放しの喜びようだ。一条天皇の第二皇子であったが、第一皇子の敦康親王は外祖父（道長の兄道隆）も母（中宮定子）もすでにこの世になく、後見人なしで将来はない。

関白となって働き盛りで死んだ二人の実兄のことが道長の脳裏を過《よぎ》ったにちがいない。健康体であった二人に比して道長は病持ちであった。外孫の即位実現のためには、生き長らえて後見することが必須の条件であることを道長は兄たちの死を通して痛感していたことであろう。

彰子は次の年にも皇子を生んだ。三条天皇の中宮となっていた彰子の妹の妍子《けんし》が皇女を生んだ時に道長は「不快感を露《あらわ》にした」というが、摂関家を保持するためには天皇になり得る皇子でなければならなかった。結果的には、彰子所生の二人の皇子が天皇となり、これに彰子の二人の妹が入内するといった強引な婚姻策によって、道長が外戚の地位確保のために蒔《ま》いた種が実を結んだことになった。

## 望月の饗宴

道長は甥にあたる三条天皇に対して眼病を理由に退位を迫り、東宮の敦成親王の即位に成功すると二年後、元服をすませた十一歳の後一条天皇に三女の威子《いし》（二十歳）を入れた。甥と叔母の結婚である。この半年余り後、威子は女御から中宮に昇った。寛仁二年（一〇一八）十月十六日のことである。

その儀が内裏で行われた後、場所を新造間もない土御門殿に移して夕刻から饗宴が始まった。威子の中宮冊立により三后をすべてわが娘で独占するといった前後に例を見ない快挙をなし遂げた道長は、おりからの満月を見ながら「この世をば我が世とぞ思ふ望月の欠けたることもなしと思へば」と詠《よ》んだ。五十三歳にして栄華の頂点を極めた道長は、この夜ばかりは満足感に浸ったことであろう。座にあった公卿以下が、この歌を吟詠したというから、土御門殿の周辺では夜のしじまにこだましたことであろう。

そもそも土御門殿では、中宮となった彰子・妍子・威子・嬉子（彼女だけは東宮妃の時点で若死）、摂関となった頼通・教通の兄弟姉妹たち、それに三人の天皇が誕生しており、さらに道長家に関わる重要な催しが行われるなど、まさに栄華の舞台となった邸宅だ。

**下町の風景――左京の五条界隈**

『源氏物語』（夕顔）によると、源氏が夕顔を見いだすのは「八月十五夜」の頃であった。六条辺りに住む高貴な女性（いわゆる六条御息所《みやすんどころ》）への忍び通いの途次、病の乳母を五条の家に訪ねた源氏は、隣家の夕顔を知ることになる。

この界隈《かいわい》が、貴族の屋敷が建ち並ぶ場所とはかけ離れた庶民的な雰囲気が強い区域であったことはすでに指摘したが、当の紫式部も「げにいと小家《こいへ》がちに……」と、まことに小さい家ばかりでむさ苦しく、あちこち崩れかかった軒先の家、といった描写をしている。

道幅が二〇㍍余りの「ごみごみしてむさ苦しい」五条大路を眺めながら乳母の家の門が開くのを待つ源氏は、隣家のみすぼらしい板塀や檜《ひのき》の薄板で編んだ垣根を通して、蔀《しとみ》を上げて白く涼しげな簾《すだれ》を降ろした部屋から、こちらを覗いている女たちを垣間見る。いかにも奥行の浅い粗末な夕顔の家であるが、八月十五夜の月明かりが隙間の多い板屋のそこかしこから漏れてくる晩に源氏は、この家で一夜を過ごした。そして明け方近くになって、周囲の家々では、目を覚ました卑しい身分（庶民）の男どもが「ああ、まったく寒いことよ」「今年の生業《なりわい》はさっぱりで、田舎通いも期待できないから心細い」と、隣り同士で語り合う声が源氏の枕べに達し、起き出してせわしげに立ち騒ぐのを、源氏のてまえ夕顔は恥ずかしく思っている。

いっぽう源氏は、こういったことのほかに雷よりも大きなごろごろという音をたてて踏み鳴らす唐臼《からうす》や布をたたく砧《きぬた》の音など下町の様子を物めずらしく観察している。いうまでもなく登場人物などはフィクションだが、町の情景は作者の見聞によるものであろう。

こうした下町の情景を彷彿《ほうふつ》とさせるのは『年中行事絵巻』の稲荷《いなり》祭の描写であろう。祭列が行くのは七条大路であるが、家並みなどに庶民的な雰囲気が感じ取れる。ちなみに七条大路には、遷都時から朱雀大路を挟んで東西に市が設けられ、さまざまな階層の人々が行き交いしたが、九世紀末には西の市が衰微したため、以降は東の市が平安京住民の消費生活を一手に支えることになった。「あやしき市女商人《いちめあきびと》」（『源氏物語』）が徘徊するこの界隈も平安末期ともなれば、借上《かしあげ》と呼ばれた金融業者や金銀細工師・経師・仏師といった商

夕顔の塔

夕顔の碑

工業者の居住が顕著となっていった。

こんにち京都市下京区堺町通り高辻下る夕顔町の民家の中庭に宝篋印塔《ほうきょういんとう》（室町時代か）があり、江戸時代に夕顔邸をここに想定して碑を建て町名としたが、もとより伝説の域をでるものではない。

なお高辻通り（往時の高辻小路は十余米《メートル》の道幅）といえば五条大路（今の松原通りに相当し、道幅は二五米《メートル》弱あった）の一本北の道路であるが、『宇治拾遺物語《うじしゅういものがたり》』（巻第三）によれば、高辻室町の北西に前長門守《さきのながとのかみ》の屋敷があって、その娘について興味深い話を載せている。

彼には二人の娘がいたが、若い時に宮仕えの経験がある妹は辞めたあと父の家におり、そこへ時々通ってくる男がいた。やがて両親も亡くなり、奥の方には縁づいていた姉が住んでいた。妹は二十代後半に大病で死んでしまい、奥は狭苦しいと寝殿の南西の妻戸口（生前に妹が男に逢い語らいなどしたところ）に遺骸を置いていたが、いつまでもそのままにしておけないので姉たちは弔いの用意をして鳥部野《とりべの》へ運んだ。そこで野辺の送りをしようと車から棺をおろすと、軽くて蓋が少し開いており、中に遺骸はなかった。「途中で落ちることもなかろうに」と、人々が道々捜しながら家に戻ってみると、遺骸は例の戸口に横たわっていた。恐ろしくなったが、何とかせねばならぬと身内で相談し、しっかりと棺に入れて夜になってから始末しようと思って夜を待った。夕方見てみると、また棺の蓋が開いていて遺骸は戸口のところに横たわっていた。そこで再度、棺に入れようとするがびくとも動かない。身内は「死人はここにいたいのだろう」と諦め、戸口の敷板を壊し、少し掘って遺骸を埋め高々と塚にした。その後、一緒に住むことは気味が悪いといって家人は他所へ移ってしまった。やがて年月が経ち寝殿も壊れてなくなり、「気味悪いことがある」と伝えつがれて塚のそば近くは下賤の者すら住まなくなり、「高辻よりは北、室町よりは西、高辻表《おもて》に六七間ばかりが程は、小家《こいへ》もなくて、その塚一つぞ、高々としてありける」状態で、塚の上に神の社を一字造って祭り、それがいまだにあるという。

奇妙な話だが、この作者も五条界隈の様子を見知っていた一人ではなかったか。

# 雅な饗宴

## 華麗なる宴

秋の催しのなかで豪華絢爛さで秀逸といえるのが、『駒競《こまくらべ》行幸《ぎょうこう》絵巻』で知られ、『栄花物語』では一巻を立てるほどの高陽院《かやのいん》における競馬《くらべうま》であろう。万寿元年（一〇二四）九月、関白藤原頼通は自邸に後一条天皇の行幸《ぎょうこう》、東宮（敦良親王、後朱雀天皇）とその母の太皇太后（頼通の姉彰子）の行啓《ぎょうけい》を賜い、父の道長をはじめ公卿らを招いて盛大な競馬を催した。絵巻に描かれる有名な場面は、寝殿南の中央に天皇、右手前に東宮、その東西の間の御簾《みす》の裾からは女房装束の出衣《いだしぎぬ》がのぞき、簀子《すのこ》には威儀を正した束帯《そくたい》姿の公卿らが並び、池に浮かぶ竜頭鷁首《りょうとうげきしゅ》から船楽がながれ、紅葉した庭の木々、といった光景を描く。

その後、一行は馬場殿に移って左右一〇番の競馬を観覧、数人の落馬者がでたりしたが左方の勝に終わった。そのあと寝殿に座を移して宴会が行われ、管絃の興などがあり、天皇や東宮が還御したのは午前二時頃であった。この時代の饗宴は、夜遅くに始まって翌日に及ぶということは決して珍しいことではない。それに丑の刻（午前二時）あたりは翌日ではなく、その日という観念であった。

## 高陽院

冷泉院とともに四町の広さをもち「四面に大路ある京中の家」（『大鏡』）といわれた頼通の高陽院は、駒競行幸の五年前から三年近くかけて造作され、寝殿の四周に池を配し、釣殿を中島に設け、文殿・御堂・水閣（これは北池の島に設けた）といった通常の寝殿造とは結構を異にした「この世のことと見えず」（『栄花物語』）という立派な邸宅であった。高陽院は頼通のあと直系（摂関）に伝領され、十一世紀前半から一〇〇年ほどの間に四回の火災に遭うが、その間に後冷泉から鳥羽まで五代の天皇の里内裏《さとだいり》として活用された名邸である。その跡地の発掘調査によって南北一〇〇メートルを超える大きな池跡と美しい砂礫を敷き詰めた洲浜などが検出され、最近になって建物の遺構も見つかっている。一郭には、その名を取った高層マンションが建っている。

**「水閣歌合」**

道長死後の長元八年（一〇三五）の夏、この高陽院において歌合が挙行されたが、それは「水閣歌合」として知られる。一ヵ月前に殿上人のなかから左右の歌人を選び、前日に参議をもって左右の念人《ねんにん》としている。月・五月雨《さみだれ》・菖蒲《しょうぶ》・時鳥《ほととぎす》・蛍といった時節にかなった題などで赤染衛門《あかぞめえもん》や相模《さがみ》といった女性軍も加わって一〇番を競いあい、三番の持（引き分け）を含め互角であった。この時の調度は、草木を金銀、花葉は瑠璃、水石は沈香《じんこう》と鏡水といった洲浜《すはま》をはじめ筥机や折敷《おしき》に至るまで金銀などで造作した豪奢なものであった。

# 紅葉狩り

## 洛西の紅葉

秋を象徴するのは木の葉の色づき（紅葉）であり、それを代表するのは何といっても独特の葉形をした紅葉であろう。紅葉を歌いこんだ和歌は多い。紅葉のシーズンともなれば京都の嵐山には歩きにくいほどの観光客が押し寄せるが、この地と紅葉との結びつきは早い。その一例が百人一首にも採られている次の一首である（『拾遺和歌集』雑秋）。

亭子院の大井川に御幸ありて、行幸もありぬべき所なりと仰せ給ふに、

このよし奏せむと申して　小一条太政大臣

をぐらやま峰のもみぢ葉心あらば　いまひとたびのみゆき待たなむ

「亭子院《ていじのいん》」は宇多法皇、「小一条太政大臣」は摂関藤原忠平《ただひら》のこと。そもそも亭子院というのは平安京左京七条の東市に隣接してあった離宮で、ここに住んだ淳和天皇女御の永原《ながはらの》原姫《もとひめ》（生没年不詳だが九世紀前半の人）は「亭子の女御」と呼ばれ、宇多法皇は女御の藤原温子から伝領したことで「亭子の帝」と称された。法皇時代の亭子院では文人らを召して詩歌管絃の遊宴がしばしば催されたが、なかでも延喜十一年（九一一）の夏、水閣で酒豪を招いて行われた納涼の宴での醜態ぶりは中納言紀長谷雄《きのはせお》の『亭子院賜酒記』（『朝野群載』巻第三）に活写されている。招かれた八人はいずれ劣らぬ大戸《たいこ》（大酒飲み）であったが、盃が六、七巡したところで、仰向けに寝ころんだり嘔吐《おうと》したりと酩酊《めいてい》者が続出、最後まで乱れなかったのは一人だけだったという。二年後の春に挙行の「亭子院歌合」は、盛大にして豪華なものであった。このように宇多法皇の時期の亭子院は、王朝文化の形成に貢献するところ大であった。

和歌に話を戻そう。嵯峨野に御幸になって紅葉のあまりの美しさに感嘆した法皇は、「天皇も行幸すべきだ」と漏らした。これを受けて忠平が、「そのことを天皇に奏上しましょう」と詠んだのが「小倉山の峰の紅葉さんよ、もしお前さんに心があるならばもう一度の行幸まで散らずに待っててほしいものだ」という歌意の一首。天皇とは子の醍醐天皇。

ところで、秋の大堰川《おおいがわ》への御幸と行幸のことを諸書で探ると、延喜七年（九〇七）九月十日の御幸と十一日の行幸がある。紅葉の時期からいっても最適で、おそらくこれであろうか。そうだとすれば醍醐天皇は父のすすめにより翌日さっそく出かけたことになるが、異説もあって確定はできない。

なお、嵐山とは大堰川右岸の山名と渡月橋両岸一帯を指す地名の両様あるが、後者で用いられることの方が多い。そして大堰川左岸にあって嵐山と対峙するのが小倉山であり、いずれも歌枕に採られている。

## 秋の暮れ

秋も終わりに近づくと、何となく心が落ち着かず、物悲しい気分におそわれるものである。それは、やがて訪れる寒い冬に向けて心の準備をしなければならないからであろう。秋風はそれを助長する。その秋風を詠みこんだ一首を掲げて冬への足がかりとしよう。

それは、「三舟の才」で登場してもらった源経信の詠んだ『金葉和歌集《きんよう》』（秋）に所収の和歌で、百人一首に採られているものである。

夕されば門田《かどた》の稲葉おとづれて　蘆《あし》のまろやに秋風ぞ吹く

詞書《ことばがき》によれば、この歌は源師賢《もろかた》の梅津の山里に人々が集まって「田家秋風」という題で和歌を詠み合った際のものである。

## 京の西郊・梅津

今にその名を残す梅津は、平安京外の西で四条大路末の南北の一帯を指し、桂川の左岸の河港だったことに因《ちな》んでその名がある。早くから交通の要地として開けたこの場所は、丹波地方からの木材の陸揚地として十世紀半ばには修理職《しゅりしき》管轄の「梅津木屋」の名が見える。

なお、『古今著聞集《ここんちょもんじゅう》』（巻第十四）に所載の「亭子院御時大堰川行幸に紀貫之和歌の仮名序を書く事」の文中に「月の桂のこなた、春の梅津より御舟よそひて、渡守《わたしもり》を召して、夕月夜小倉の山のほとり、ゆく水の大井の河辺に御ゆきし給へば……」とあり、桂川の梅津から舟に乗って大堰川の辺りまで遡ったことがわかる。

「梅津川」の歌枕もあるように当辺は景勝の地でもあったから山荘を営む貴紳もおり、摂関として三八年間という二位の長期記録をもつ藤原忠通の梅津殿は、もと源顕親の山荘を召しあげて造作したものという（『山槐記《さんかいき》』永暦二年四月四日条）。さらには十一世紀後半の大江公仲《きみなか》は梅津に所領を持っていたこと、この地に現存の長福寺と関わる梅津庄が平安末期には存在していたことなどが知られる。

ところで源師賢なる人物は、十一世紀後半に生きて父祖以来の郢曲《えいきょく》・和琴・鞠《まり》を好《よ》くし、蔵人頭に至ったことはわかるが、所持した梅津の家のことは明らかでない。ただ、当辺は田畑が広がる地域であり、京内の右京では三条大路以南に私領が散在したから、すでにここから田園風景が始まっていたといっても過言ではない。十一世紀末の右京は、三分の一以上が耕地化されていたという（『扶桑略記《ふそうりやっき》』応徳三年六月二十六日条）。

# 冬の章

# 王朝人と雪

音も無くしんしんしんと降りつもる雪を暖かい室内から窓ごしに眺める心地よさ。こういったことは現代でないと味わえない体験で、一昔前の不完全な暖房では十分でなかったし、まして平安時代ともなれば心もとない。こと快適な環境という点ではそうだが、情景に対する感受性となると話はちがう。おそらく、こんにちより平安時代の人の方が感受性は強く、表現も豊かであったかと思う。人は生活が満たされるほどに関心の範疇が広がり、個々に対する感じ方が薄くなる。それは自然現象に対しても言えることであろう。

## 雪　月　花

わが国の四季の自然美を総称するものとしてよく目にする標語に「雪月花」がある。

これは、平安時代に教養書として愛読された白楽天《はくらくてん》の『白氏文集《はくしもんじゆう》』のなかに出典し、村上天皇の時代、月の明るい晩に降り積もった雪を容器に盛って梅の花を挿し、これについて和歌を所望された女蔵人が「雪月花の時」と応えて天皇を感嘆させたという話が『枕草子』に見えるが、清少納言は、この故事を知っていたのである。

それぞれに冬の雪、秋の月、春の花の謂《いい》であるが、三つとも満たせるのは冬であって、花を雪に見立てた詠歌も多い。『栄花物語』（巻第三十六）には、雪の降った早朝の土御門殿の雪景について、雪は花と見紛《みまご》うほどで、池に張った氷は鏡の如く巌《いわお》にも花が咲いたようだ、といった描写があるのも参考となろう。

## 女房と雪

王朝女流作家のなかでも感性の鋭い清少納言は、『枕草子』のなかの四季の特色を述べたくだりで冬を以下のようにとらえている。

冬はつとめて。雪の降りたるは言ふべきにもあらず。霜のいと白きも、また、さらでもいと寒きに、火など急ぎおこして、炭持てわたるも、いとつきづきし。昼になりて、ぬるくゆるびもていけば、炭櫃《すびつ》、火桶《ひをけ》の火も、白き灰がちになりて、わろし。

冬は早朝にかぎる、雪でも降っていれば格別だ、とてつもなく寒い朝に炭火を持って廊下を行くのはふさわしい光景だ、昼頃になって寒さが緩んでくると炭櫃の炭火が白く灰をかぶってしまってみっともない——作者の細やかにして鋭い観察力が冴《さ》える。また、「冬は、いみじう寒き。夏は、世に知らず暑き」とも言っているから暑さと寒さは極端なのがよい、というのが彼女の感覚である。

『枕草子』には雪の描写が多い。梅の花に雪が降りかかっているのは上品だが、いやしい者の家に雪が降った光景は不似合いだとか、雪が降り積もった宵時分から気の合った二、三人で火桶を囲んでよもやま話にふけり、暗くなってきても灯をともさないでいるのに雪明かりで周囲が白く見えているなかで火箸《ひばし》で灰などをわけもなく掻《か》きながら様々に話し合うのは趣があるものだ、というような一時代前には通じる話題である。

また、降りしきる雪の中を緋色《ひいろ》の袍《ほう》を着けた束帯姿の若々しい貴族が、横なぐりの雪のため傘を少し傾けて歩いて来るのだが、履いている深沓《ふかぐつ》や半靴《ほうか》などの上に着けた脛巾《はばき》にまで真っ白い雪がかかっているのはとても美しい、というのは当時しか味わえない美意識であり、いかにも細やかな観察である。

きわめつけは自身の才学をのぞかせる自慢げな香炉峰《こうろほう》の話であろう。白楽天の詩を下地にするものであるが、かつて中国の江西省を旅した時に廬山《ろざん》の一峰の香炉峰を雨の中に見て牧歌的な気分にひたったことを思い出す。

どうやら清少納言は雪をたいへん好んだようで、「雪こそ、めでたけれ」というのに対して「片時降るも、いとにくくぞある」とあるから、雨は嫌いだったようだ。

紫式部の雪に対する感慨はどうか。彼女にこんな歌がある（『紫式部集』）。

ふればかく憂さのみまさる世を知らで　荒れたる庭に積もる初雪

年を経て生きながらえていると憂さばかりが増すが、そうとも知らずに荒れ果てたわが家の庭には美しく初雪が降り積もったことだが、この雪もやがては汚れてしまう、というような内容の一首。宮仕えを辞して里にある時の歌だが、彼女の雪への想いは清少納言ほどに明るくなさそうだ。すべてに対してそうなのかもしれないが……。ちなみに右の歌は藤原定家によって『新古今和歌集』（巻六冬）に採られている。

## 大原野への行幸

『源氏物語』では時の冷泉帝《れいぜい》が京の西山の麓《ふもと》の大原野に行幸するくだりがあり、このことが「行幸《みゆき》」という巻名にもなった。冬十二月のある日、午前六時頃に宮中を出立した御輿の帝の一行は朱雀大路を五条大路まで南下し、そこから西へ進み、途中で桂川を渡るが、この川の浮橋の辺りまで物見車がぎっしりと並んだ。行列には親王や大臣以下の上達部《かんだちめ》、殿上人《てんじょうびと》（この中には鷹飼《たかがい》への参加者もいた）らが飾り立てた装束を身に着けて加わり、そこへ時おり雪が舞う。美しい絵巻の世界である。

大原野に到着後に平張《ひらばり》（幄舎《あくしゃ》）のなかで食事となるが、物忌《ものいみ》のために供奉《ぐぶ》できなかった源氏から酒肴が届き、帝から源氏へ雉《きじ》が贈られた。そのおりに帝が、源氏にも同行して欲しかった気持ちを詠《よ》むと、源氏は、今までになく盛大な行幸でしたでしょうと返した。

「雪深き小塩山」であり「松原」で知られた。このことは、父藤原為時《ためとき》の任地である越前《えちぜん》の国《くに》（国府跡は福井県武生市に所在）で冬を過ごした紫式部が、日野山の雪を見て、

ここにかく日野の杉むら埋《うづ》む雪　小塩の松に今日やまがへる

と詠じた（『紫式部集』）ことに相通じる。彼女は日野岳の群立つ杉が降りゆく雪に埋もれていくのを見て、小塩山の松にも雪が降りかかっているであろう、と都を恋しく思いだしている。

### 醍醐天皇の行幸

『河海抄《かかいしょう》』によれば、この大原野行幸の話は、延長六年（九二八）十二月五日の醍醐天皇の鷹飼を目的とした大原野行幸を準拠としているという。それを記すのは醍醐天皇皇子の重明親王の日記『李部王記《りぼう》』である。

午前六時ごろに内裏を出発した天皇は、朱雀《すざく》門を出て南下し、五条大路を西行、桂川の浮橋を渡って桂路より野口に入った。浮橋というのは船を並べた仮設の橋をいうが、この時には天皇の御輿のためにその上に板を敷いている。墳頂での朝膳には鷹人が獲た雉《きじ》を料

理して天皇に供しており、蔵人頭《くろうどのとう》の平時望《ときもち》が陪膳《ばいぜん》を勤めた。そして、六条院の宇多法皇からは酒・炭・火炉《かろ》が贈られてきたが、雉を焼くためのものが届くなど心憎い。

たしかに『源氏物語』が下敷きにしたと言われるだけあって出立時間、道程、冷泉帝と醍醐、源氏と宇多といったところなど酷似の場面が多い。

**大原野神社**　小塩山の東麓に鎮座する大原野神社は、現在の地番の大原野南春日町が暗示するように大和国の春日社を勧請《かんじよう》したものであり、祭神を同じくする。ただ創祀については諸書によって異なるが、八世紀末の長岡遷都にともない桓武天皇皇后の藤原乙牟漏《おとむろ》が氏神である春日社への参詣が不便となったため新京の近傍に勧請した、九世紀中期に藤原冬嗣によって正式に勧請した、というのが大枠であり、いずれも藤原氏と関わる点が注目される。

京が長岡京から平安京に遷った後も藤原氏出身者は、近傍ということで大原野社へ詣ることが多く、とりわけ女性の場合はその傾向が強かった。紫式部も中宮彰子（藤原道長の長女）のお供で何度となく参詣し、大原野の風景が脳裏に焼きついていた、それが越前国での回想につながったのであろう。

藤原氏との関わりという点で、この社への行幸・行啓に藤原氏との接点が見いだされる

大原野神社

こと、摂関家の発展とともに朝廷の崇敬を厚くしていったことと無関係ではあり得ない。その延長にあると見られるのが伊勢の斎宮、賀茂の斎院にならって斎女を置いていたこと、勅使の参向、中宮や東宮の奉幣使発遣などがある大原野祭を行っていたことである。

雪に関していえば、目崎徳衛氏に「王朝の雪」という雅《みやび》な作品がある（『数奇と無常』所収、一九八八年、吉川弘文館）。王朝人と雪との関わりを説いた文化史論であるが、これに導かれながら興味ある二、三のことを述べておこう。

平安京での降雪は、積もったとしても数寸というのが平均的で、一尺も降れば大雪と見なされた。そして五寸（約一五チセン）もの積雪があると出勤にさし障《さわ》りが出たのである（『小右記』天元五年正月三十日条）。

**雪見の遊宴**　その雪を楽しむ催しもあった。大雪とか初雪の時、殿上の男女を対象に蔵人を諸陣に遣わして見参《けざん》を取り、禄物を賜う「雪見見参」ということが行われたが、初雪の時でも見参を取らない例もあるから、時の権力者の私意に委ねられるところが大きかったようだ。

なお、貴族の日記に見える「雪見見参」の早い例は、管見の限りで『貞信公記《ていしんこうき》』延長九年（九三一）正月九日条の「白雪満庭、雪見参取女官、先度只取男官、不取女官故也」である。それと降雪の場合の節会は雨儀で挙行されたこともこの日記からわかる。

この正月には雪の日が数日あり、また二ヵ月の間に地震が二度も起きている。時に筆者の藤原忠平は摂政左大臣で五十二歳。前年に醍醐天皇が四十六歳で崩御し、皇子で実妹の穏子所生の朱雀天皇が八歳で即位したことで忠平は摂政となった。父の基経が退いて以来、四〇年ぶりのことである。そして忠平の摂関二〇年の後、また一七年間の空白期を迎える。これだけの空白は摂関史上この時だけであり、前半の醍醐、後半の村上天皇の親政（それぞれの年号に因《ちな》んで延喜・天暦聖代観がある）に挟まれた格好で忠平の摂関は存在したのである。

ところで、「雪見見参」に比べてよく見られたのが今日の雪だるまならぬ雪山作りであろう。『枕草子』によると、長徳四年（九九八）十二月十日の大雪の日、中宮定子の居所、職御曹司《しきのみぞうし》の庭に雪掻きにやって来た主殿寮《とのもり》の官人ほか大勢で大きな雪山を作ったが、一〇日後の降雨でも少し低くなっただけというから、よほど大きな山だったのであろう。この時には、清涼殿《せいりょうでん》の中庭をはじめ東宮《とうぐう》（居貞親王）や弘徽殿《こきでん》（女御の藤原義子が居住）の庭、さらには左大臣藤原道長の土御門殿など多くの所で雪山作りが見られたという。この雪山作りは、早く応和三年（九六三）の村上天皇の例があるが、天皇の文化面を知るうえでも注目される。

長和五年（一〇一六）十二月八日は朝から一五チセンほどの積雪があり、所々の見参（初雪か）があり、道長は桂山荘に雪見に出かけている（『御堂関白記』）。『権記《ごんき》』『小右記《しょうゆうき》』ともに記事が伝わらないのでもどかしいが、「行成は雪見の興など念頭になかったらしい」「謹直な実資は雪見のごとき風流には関心を持たない」「院政期に至って雪見の習俗は大いにさかんになった」という目崎説を紹介しておく。

## 父と子

積雪で想起されるのは藤原頼通の春日祭使のおりの話である。先に触れたように大和国の春日社は藤原氏の氏社であり、春日祭は賀茂・石清水《いわしみず》祭とともに平安時代の三勅祭に挙げられたから、その祭使を勤めるのはたいへん名誉なことである。それを頼通は十三歳の時に果たしたが、父の道長（三十九歳）は、その模様を日記に詳しく書き残した。寛弘元年（一〇〇四）二月はじめのことである。暦のうえでは春だが雪が舞うこともある時期だ。

頼通は父邸の枇杷殿から五日の遅くに出立したが、その日の午後に饗宴が持たれ、公卿をはじめ殿上人ら多くが顔を揃え、皇太后遵子《じゅんし》、中宮彰子以下から装束の贈り物があった。そして迎えた翌朝、京では二〇チセン余りの積雪を見た。道長は、「この雪の中で息子は

春日大社

大役を無事にこなしているだろうか」という心中を「わかな摘む春日の原に雪ふれば心づかひを今日さへぞやる」という一首に託して、藤原公任への消息に添えた。公任の童《わらわ》も頼通の付き人として同道していたのである。若草山での若菜摘みと息子の祭使挙行を懸けるあたり道長もなかなかで、遠くから心配する親の気持ちがにじみ出た歌といえよう。祭使一行は翌日の夜遅くに帰京、還饗が持たれ、関係者らに道長から給禄があった。この部分の『御堂関白記』は自筆本が残っていて、行間から道長の心情を汲み取ることもできよう。

# 悲しい雪

いかなる場合でも悲しみをともなうのが葬儀であるが、天候によって悲哀が助長されたり和らげられたりもする。とりわけ雨や雪の時などには悲しみが増すものである。藤原摂関家の発展に大きく貢献した二人の葬送も雪の降る寒い時であった。それは藤原詮子《せんし》・道長姉弟である。

**母后詮子と兼家の躍出**

詮子は藤原兼家《かねいえ》と時姫（父は摂津守藤原中正）の娘として生まれ、十七歳で円融天皇に入内《じゅだい》して間もなく女御となったが、その時点で天皇には、故関白藤原兼通の娘媓子《こうし》が皇后、関白藤原頼忠の娘遵子《じゅんし》が女御として入っていた。兼家は、自分より位階が劣る実兄の兼通に関白をさらわれ、そのうえ冷遇されていただけに娘の詮子に期するところが大きかった。そして彼女の入内の前年に兼通が薨《こう》じ、代わって関白となった（兼通の強引な推挙による）従兄弟の頼忠は外戚関係が薄かったこと、それにもまして詮子だけに皇子が誕生していたことが兼家に幸運を呼びこんだ。

兼家は、その皇子が七歳になった時に即位を断行し、ここに一条天皇が出現、自身は待望の摂政となった。齢すでに五十八歳、四年後には他界する。いっぽう子息の即位で国母となった詮子は、五年後には出家し、居住することが多かった父の邸宅名にちなんで東三条院という院号を賜った。これが幕末まで見られる女院号の初例となったわけで、その意義は大きい。

### 四十の賀宴

それから一〇年後の長保三年（一〇〇一）十月のこと、詮子の四十歳の祝賀が土御門殿で盛大に催された。当初は二月に予定されたが、疫病の流行で延引となっていたもので、この時点での詮子の健康状態は悪かった。賀宴催行の中心となったのは家主の藤原道長であり、院別当《いんのべっとう》（三人）の一人であった藤原行成は準備段階から忙しく行動している。

この一両年、滞在することが多かった土御門殿へ女院の渡御があったのは前夜のこと、当日の昼すぎには一条天皇の行幸があり、母子の対面が寝殿において行われた。これを見守るように、寝殿の簀子には上達部《かんだちめ》、中宮彰子は西の対《たい》、その母の源倫子（道長の妻）は東の対、諸大夫や殿上人は庭上の幄舎《あくしゃ》に着座していた。東の対の南庭の幄舎からは奏楽の調べが鳴り響いている。そして陽が傾くころに頼通（十歳）・頼宗（九歳）兄弟による陵王《りょう》と納蘇利《おうなそり》の舞が披露された。とりわけ頼宗の納蘇利の舞が優美であったため天皇以下感嘆するもの多く、なかには目頭を抑える輩もいたという。

天皇の還御は亥《い》の刻となったが、道長は当初、天皇の逗留を望んでいたものの、「ある事」によってその意志を覆して還宮を促したという。もっとも「里第に一宿の例、未聞の事」というから所詮、叶《かな》えられないことであったかもしれない。

この「ある事」にも関わって興味を惹くのは、頼宗の舞の師匠である多吉茂《おおのよしもち》が一階を賜ったことについて、道長が不快の念を抱いたことである。その理由として「頼通は愛し子で、中宮の弟であり、しかも嫡腹（母は倫子）、一方の頼宗は外腹（母は源明子）であって愛も浅い」という見方を取りあげているあたりが、いかにも実資らしい。こういった視点が『小右記』の特色といえるものであり、そこにこそ実資の筆の冴えがうかがえるのである。

しかし、この日の道長は一家を挙げての参加に満悦したことであろう。この日に備えて二日前に清涼殿で行われた「院御賀宴試楽」、つまりリハーサルでの道長は、陵王を舞った頼通が天皇から御衣を賜ったことで御前に進み拝舞した後、感きわまってか「天長地久」を唱えながら舞った。この行動を実資は「その体軽々」と批判したが、行成の方は「軽忽《きょうこつ》に似たりと雖《いえど》も感悦に堪えざるか」と語気が柔らかい。なお、このおりの童舞《わらわまい》でも観衆の感興をさらったのは頼宗であった。

### 石山寺詣で

この二〇日ほど後に女院は石山寺へ参詣しているが、この御幸に道長が同道したことはいうまでもない。一行は京を発って粟田口《あわたぐち》、逢坂山《おうさか》を経て石山寺へと向かったが、その絵柄が『石山寺縁起』にある。これが女院の最後の参詣となったが、後に見られる藤原道綱の母や紫式部ら女流作家による参詣の先鞭をつけた。

### 女院の崩御

これ以降の女院は、病と闘いながら念仏三昧の日を過ごすことが多く、この年も押しつまった閏《うるう》十二月二十二日の夜、詮子は東三条院別当の藤原行成の三条第において崩御した。御賀から三ヵ月余り後のことである。一週間前に見舞った天皇の悲嘆は如何《いか》ばかりであったことか。道長の衝撃も大きかった。

一日おいた夜、女院の遺骸は荼毘《だび》に付すべく鳥辺野へ葬送されたが、降りしきる雪のなか道長をはじめ公卿以下の人々が参列した。暁更《ぎょうこう》には多くの輩は帰ったが、道長は遺骨

石山寺

石山寺多宝塔

を首に懸けて木幡《こばた》の墓地へ向かった。これは『栄花物語』の記述で、姉への道長の追従という点ではさもありなんと思うが、史実はちがう。「辰《たつ》の剋《こく》、兵部大輔《ひようぶのたいふ》兼隆《かねたか》、御骨を頸に懸け宇治山に向かう。僧正明豪《みようごう》相従う。左大臣以下、院司・女房ら相ともに本宮に帰る」と記す『権記』の二十五日条に従うべきで、筆者の院別当行成をはじめとする院司とともに道長も鳥辺山から引き返している。そもそも埋葬には地位の高い親族は立ち会わないのが慣例であった。

ところで、一年前の冬の十二月十六日、皇后定子は皇女を出産直後に二十五歳で崩じた。御葬送の夜には雪が舞い、霊屋《たまや》が白く埋もれていたという。後見人を失った二十歳以後の定子の境遇は寂しく、辛うじて一条天皇の愛に支えられて生きてきたようなものであったことを思うと、雪のなかでの野辺送りは悲哀そのものと言ってよかろう。遺骸は鳥辺野に土葬された。火葬が一般的であった当時としては珍しいことである。

この定子の死が、政権の座を失った中関白家《なかのかんぱく》に追いうちをかけたことは言うまでもない。その崩御を記す藤原行成の『権記』同日条には詮子の病悩のことも見え、この頃から病がちになったものと思う。

道長が五歳上の同母姉、詮子に誠意をもって尽したのにはそれなりの理由があった。「詮子なくして道長の栄華はない」と言えるほどに、道長の政権掌握には姉の力が大きかったのである。

## 強運な道長

先述のように道長には二人の同母兄がいた。そして兼家は薨去の年の正暦元年（九九〇）、摂関と氏長者《うじのちょうじゃ》を内大臣であった嫡男の道隆《みちたか》に譲ったが、これは予定のコースである。その道隆は一条天皇に入れていた娘の定子（十五歳）を中宮とし、まさに中関白家が将来をリードしていくやに見えた。しかし、破局は早くおとずれた。摂関六年目にして道隆が四十三歳で病死したからである。

長徳元年（九九五）病を得た道隆は、後の政権掌握に思いをめぐらせて、病気の間という条件つきで子息の内大臣伊周《これちか》（二十二歳）を内覧《ないらん》に押しこんだ。しかし、道隆の死後に関白を継いだのは実弟の道兼《みちかね》であった。この三十五歳という働き盛りの関白の出現によって伊周も、道長も、将来の芽が摘まれたようなものである。ところが、思わぬ事態が起きた。あろうことか道兼が関白となって一一日目に急逝したのである。周囲では「七日関白」と噂したというが、歴代の関白のなかで最短記録である。

死因は流行《はや》り病といい、同じ日に二人、この年には八人という三分の二の公卿が他界しているから猛威のほどが知られよう。兄たちに比べて病弱であった道長が生き残ったことが不思議だし、強運としか言いようがない。道長にしてみれば、願っても叶《かな》うものではなく、疫病さまさまである。

この時点で摂関に近い距離にいたのは権大納言道長と上席にいた甥伊周の二人であった。そして『大鏡』によれば、一条天皇は定子への愛から伊周への気持ちが強かったが、道長を推す詮子は、夜御殿《よるのおとど》にまで出かけて行って渋る天皇に涙の説得をし、道長に政権の座をもたらした、という。この話を裏付ける日記などはないが、伊周へという可能性もあったから、『大鏡』のような状況はあり得たと思う。

『小右記』の長徳元年五月十一日条には次のようにある。

大納言道長卿、関白の詔《みことのり》を蒙るの由と云々。仍《よ》って案内を取る。頭弁《とうべん》（源俊賢）示し送りて云う、関白の詔に非ず。官中の雑事、堀川大臣（藤原兼通）の例に准じて行うべきなり……。

つまり道長は、道兼の死から三日後に内覧の宣旨を得たのである。そして翌月には右大臣に昇進して筆頭公卿となり、氏長者にもなっている。三十歳のことであり、道長は、この年に日記を書いた痕跡があるので、どのような記述をしたのだろうか、そこには姉の名もあったのだろうか、ゆかしく思うが、『御堂関白記』の長徳元年条は伝わらない。

一年後には左大臣に昇って名実ともに「一の人」となった道長のその後は、よく知られるところだ。

## 寂しい晩年と死

道長は、望月の歌の前後には病に苦しむことが多く、視力の衰えも激しかった。「この世をば」に酔いしれた翌日のこと、藤原実資と謁談《えつだん》した道長は、「汝の顔、殊に見えず」と訴えている。道長には、眼病を理由に三条天皇を譲位に追いこんだ経緯があるから、実資は、ここぞとばかり「その罰だ」など道長の病状を事細かに『小右記』に書き付けている。

年改まって道長の病はいっそうひどくなり、その春には出家した。五十四歳のことである。この出家を契機に道長が、土御門殿と道路を挟んで京外に創建したのが法成寺《ほうじょうじ》であった。重病に陥《おちい》った道長は、この寺に移り、金色に輝く阿弥陀仏の手から引いた五色の糸を握り、極楽往生を願いながら彼岸へと旅立ったのである。『栄花物語』の描写は、このように美しいが、妻や子女をはじめ多くの公卿たちが見守るなか、背中の腫《は》れ物に七転八倒しながら悶絶死した、というのが現実である。それにつけても晩年に三人の娘と一人の息子に先立たれたのは痛恨の極みであった。

道長が六十二歳の生涯を閉じたのは万寿四年（一〇二七）十二月四日の早暁であった。翌日に入棺されたその遺骸は、二日後に鳥辺野に葬送されて荼毘に付された。そして夜明け方になり、頼通以下の子息らによって拾骨、瓶《かめ》に入れられた遺骨は、左中弁藤原章信《あきのぶ》が首に懸け、定基《じょうき》僧都とともに木幡へ運ばれた。ともに従った公卿の名が『小右記』に列挙されているが、そのなかに道長の身内の名が見えないのは、詮子の埋葬の場合と同様で

法成寺模型（京都市蔵，淡交社刊『よみがえる平安京』より，横山健蔵撮影）

法成寺跡の碑

ある。この日は早朝から夜まで雪が降りしきっていたという。

### 宇治の地

『源氏物語』後半の舞台としても知られる宇治には皇族や貴族の別業があった。なかでも藤原摂関家のそれは宇治院と呼ばれて有名だが、道長の別業は、妻方の縁者から買い入れたものである。四季折々の美しさに魅かれて宇治を訪れる王朝人は多く、紫式部も中宮彰子のおともで何度か足を運んだことであろう。それが『源氏物語』の舞台に選ばれた理由ではなかったか、とひそかに思う。

### 藤原氏の墓地・浄妙寺

宇治への途次、宇治川右岸の木幡には藤原一族の墓地があり、この一郭に道長は先祖供養のために浄妙寺を創建した。政権を掌握して一〇年後のことである。そもそも道長が、先祖の眠る墓地に寺院の建立を思い立ったのは、父の兼家が大臣になった年というから十三歳の時である。任大臣の慶を先祖に報告するため木幡に赴いた父に同行した道長は、「多くの先祖の御骨《おこつ》おはするに、鐘の声聞きたまはぬ、いと憂きこと」と痛感し、思い通りになった暁には三昧堂《さんまいどう》を建てようと心に誓ったという（『大鏡』）。墓地は「ただ標《しるし》ばかりの石の卒都婆《そとば》一本ばかり立てれば、また詣《まゐ》り寄る人もなし」（『栄花物語』）という寂しい状況にあった。

この木幡の墓所は摂関基経に始まり（『栄花物語』）、道長の日記でもそのような書きぶ

浄妙寺　三昧堂と多宝塔（宇治市歴史資料館蔵，早川和子画）

りであり、父の良房（藤原摂関の初代）に及んでいないのは何故か。東一条第で薨《こう》じた良房の遺骸は愛宕郡白川に葬られ、木幡に改葬された形跡がないので、このことが理由であったかと考える。

浄妙寺の供養が行われたのは寛弘二年（一〇〇五）十月のことで、『御堂関白記』に詳細な記述がある。当日、暗いうちに京を出発した道長の一行は、昼のような月明かりのなかを進んで朝八時頃には到着した。道長の命をうけ「浄妙寺」の額二枚を書いた藤原行成は、夜半に家を出て日昇時には寺に到り、藤原実資もその日の早朝に京を発っている。このほか多くの上達部・殿上人以下が参向した。

仏と相対して道長が語った建立の趣旨は、現世の栄耀や寿命福禄のためではなく、ここに眠る父母および基経公はじめ先祖の菩提を弔うためであり、向後《きょうこう》は一門の人々を極楽へ引導してほしい、というものであった。事が終わって帰宅したのは真夜中で、京では雪まじりの雨が降っていたが、寺の供養の時はそんなことはなく、帰途も月明かりであった、と道長のご満悦な書きぶりだ。この三昧堂に続いて二年後には多宝塔の供養が見られた。道長がここに埋葬されるのは二〇年後のことである。そして、今から一〇年近く前の発掘調査で三昧堂と多宝塔の遺構が見つかっている。

木幡の墓地には、天皇を補佐して国政を主宰した摂関をはじめとする藤原氏一族が葬られている。そこへの被葬者は、葬送が記録されるなど歴史に大きな足跡を残した少数者からまったく無名のままに死んでいった多数者までおびただしい数にのぼるが、埋葬法をはじめ具体的なことはほとんど解っていない。ただ言えるのは、どうやら墓石を残さなかったということである。

それより木幡に詣《まゐ》らせたまへるに、月明《あか》けれど、このところはいみじう木暗《こぐら》ければ、そのほどぞかしと推しはかりおはしまいて、かの山近《やまぢか》にてはおりさせたまひて、くれぐれと分け入らせたまふに、木の間より漏り出でたる月をしるべにて、卒塔婆《そとば》や釘貫《くぎぬき》などいと多かるなかに、これは去年《こぞ》のこのごろのことぞかし、さればすこし白く見ゆれど、その折から人々あまたものしたまひしかば、いづれにかと、尋ね詣らせたまへり。（『栄花物語』巻第五）

この一文は道長との政権争いに敗れた後、東三条院を呪詛《じゆそ》したなどの罪により左遷が決まった（長徳二年四月）藤原伊周が、亡父の墓を訪ねるくだりである。

伊周は墓所の近くで馬を下り、暗く沈んだ気分で茂みを進み、月明かりを頼りに真新しい柵《さく》と卒塔婆を見つけ、この父の墓前に額ずき泣き伏した。父道隆の死は一年前だから、卒塔婆など白木の状態が見わけられたのであろう。摂関といえどもこの程度である。

先にも見た「ただ標ばかりの石の卒都婆一本」という文もそれを示しており、当時、墓には卒塔婆を立てる程度であったから数年もすれば誰の墓か解らなくなってしまう。立派な石碑を建てて被葬者を後世にまで明確にしている今日とは大きなちがいである。

## 春来るなし

道長の死から六〇年目にして院政という新しい政治体制が出現するが、それは二〇〇年ほど持続してきた摂関政治が実質上の終焉を告げる時でもあった。道長の跡を継いだ頼通は半世紀にわたって摂関の地位にあったが、それは結果的に残照で終わった。

寒い冬の後は希望に満ちた春が到来する、というのが四季の流れであるが、道長亡きあとの藤原氏はそうはいかなかった。

冬の道長の死は、そのことを象徴しているようでもある。

# あとがき

今世紀末の賀茂祭（葵祭）を糺の森で見学した。数時間前のことである。快晴の土曜日ということもあって下鴨神社の境内は人で溢れかえっていた。近年の賀茂祭は、陋屋から近いこともあって糺の森で見ることが多いが、こんなに混雑するのは珍しく、混沌とした世情不安から逃れて一時の安寧を求めているかのようにも映った。木洩れ日の中を進む祭列の雅に酔いしれた見物人の感嘆の声が耳に届くたびに、そのことを思った。

私は高校が終わるまで東国で生活した。生まれは新潟県の須原村ということであるが、幼少の記憶は皆無にひとしい。父が転勤の多い公務員であったため、小学校を数回変わっており、新潟県下での学校の名前は失念したし、暮らし向きさえ朧げである。写真も度々の転勤で殆ど手元にはなく、両親が鬼籍に入ってしまっている今日、永久に謎である。記憶が明らかなのは小学校の高学年で福島県に移ってから以降である。

大学から生活の基盤が関西に移り、それ以後ずっと京都で生活しているので、東国での四、五年が最長というのとは雲泥の長期滞在ということになるし、突飛なことがない限り今後も京都に住み続けることになるから、半世紀は越すことになろう。その意味でも京都は私の大切な故郷である。

その京都で日本の歴史、とりわけ平安時代を中心とした分野を学べることを非常に幸せに思っている。なにしろ京都で暮らしていれば、王朝人の住まい所や祭礼など往時の追体験が叶えられるのである。その方面で私の拙い仕事が、わずかなりとも益するところがあるとすれば、それは京都で生活できたお陰である。折を見ては京都の史跡などを回っている時、いつも幸せ感に浸ってしまう。

ところで、吉川弘文館の方から本書のテーマをいただいた時に思ったのは、平安王朝の土壌であり、その後の長い歴史を包みこんで今日に生き続ける京都から、『源氏物語』の時代を中心として起こった様々な事象を切り取って伝える、ということであった。しかし今、校正刷を通読して内心忸怩たる思いが強い。当初の思いと結果が乖離しているとすれば、それは私の怠惰以外の何物でもない。

今日に至るまで多くの研究に学んできたし、本書を書きあげるに際して参照した業績も少なくない。しかし、本シリーズの性格上いちいち断らなかったが、この場を借りて、導きを賜わった諸先学に対して心からの感謝の気持ちを捧げたい。

なお、臨場感を出す一助として現場の写真を挿入することに努めた。そのために再訪した史跡もかなりあり、環境の変化に驚くことがしばしばであった。たとえば、二昔前と今回と、堀河殿・閑院・東三条殿跡を撮影するために某ホテルの屋上から眺めた景観は、瓦屋根の家並みが多い前者に比べて、後者ではビルが目立ってきている。こういったことは何度となく訪れては撮影した写真を比べても一目瞭然であり、京都は着実に昔の姿を変えてきているのである。

最後になったが、本書の作成に尽力いただいた吉川弘文館編集第一部の上野純一・岡庭由佳両氏、貴重な写真・図版の掲載を快諾くださった諸氏や関係機関に対して深謝したい。

私事ながら本書の刊行は還暦の年と重なった。今後さらに精進を続けて続編が出せる日の来ることを念願している。

一九九九年五月十五日　賀茂祭の日に

朧谷　寿

著者紹介
一九三九年、新潟県生まれ
一九六二年、同志社大学文学部文化学科卒業
現在、同志社女子大学教授
主要著書
源頼光　清和源氏　平安京の邸第（共編）
王朝と貴族　藤原氏千年

歴史文化ライブラリー
72

源氏物語の風景
王朝時代の都の暮らし

一九九九年八月一日　第一刷発行

著　者　朧《おぼろ》谷《や》　寿《ひさし》

発行者　林　英男

発行所　株式会社　吉川弘文館
東京都文京区本郷七丁目二番八号
郵便番号一一三―〇〇三三
電話〇三―三八一三―九一五一〈代表〉
振替口座〇〇一〇〇―五―二四四

印刷＝平文社　製本＝ナショナル製本
装幀＝山崎　登

歴史文化ライブラリー

1996.10

---

## 刊行のことば

現今の日本および国際社会は、さまざまな面で大変動の時代を迎えておりますが、近づきつつある二十一世紀は人類史の到達点として、物質的な繁栄のみならず文化や自然・社会環境を謳歌できる平和な社会でなければなりません。しかしながら高度成長・技術革新にともなう急激な変貌は「自己本位な刹那主義」の風潮を生みだし、先人が築いてきた歴史や文化に学ぶ余裕もなく、いまだ明るい人類の将来が展望できていないようにも見えます。このような状況を踏まえ、よりよい二十一世紀社会を築くために、人類誕生から現在に至る「人類の遺産・教訓」としてのあらゆる分野の歴史と文化を「歴史文化ライブラリー」として刊行することといたしました。

小社は、安政四年(一八五七)の創業以来、一貫して歴史学を中心とした専門出版社として書籍を刊行しつづけてまいりました。その経験を生かし、学問成果にもとづいた本叢書を刊行し社会的要請に応えて行きたいと考えております。

現代は、マスメディアが発達した高度情報化社会といわれますが、私どもはあくまでも活字を主体とした出版こそ、ものの本質を考える基礎と信じ、本叢書をとおして社会に訴えてまいりたいと思います。これから生まれでる一冊一冊が、それぞれの読者を知的冒険の旅へと誘い、希望に満ちた人類の未来を構築する糧となれば幸いです。

吉川弘文館

〈オンデマンド版〉
源氏物語の風景
王朝時代の都の暮らし

歴史文化ライブラリー
72

2017年（平成29）10月1日　発行

著　者　朧《おぼろ》谷《や》　寿《ひさし》
発行者　吉川道郎
発行所　株式会社　吉川弘文館
〒113-0033　東京都文京区本郷7丁目2番8号
TEL　03-3813-9151〈代表〉
URL　http://www.yoshikawa-k.co.jp/

印刷・製本　大日本印刷株式会社
装　幀　清水良洋・宮崎萌美

朧谷　寿（1939～）

ISBN978-4-642-75472-9